Oliver Geisselhart

Souverän freie Reden halten

Die Power der Memo-Rhetorik

Oliver Geisselhart

Souverän freie Reden halten

Die Power der Memo-Rhetorik

4. Auflage

GABAL

Bibliografische Information der Deutschen Nationalbibliothek

Die Deutsche Nationalbibliothek verzeichnet diese Publikation in der Deutschen Nationalbibliografie; detaillierte bibliografische Informationen sind im Internet über http://dnb.d-nb.de abrufbar.

ISBN 978-3-89749-363-6

Illustrationen: Jana Simon
Umschlaggestaltung: +malsy Kommunikation und Gestaltung, Bremen
Satz: Lohse Design, Büttelborn
Druck: Salzland Druck, Staßfurt

4. Auflage, 2016

www.gabal-verlag.de

Inhalt

Vorwort

Liebe Leserin, lieber Leser,

stellen Sie sich nur einmal so zum Spaß vor, die Versprechungen hinten auf dem Buchumschlag werden Wirklichkeit. Was wäre dann? Wie würden Sie sich fühlen, wenn Sie wirklich absolut frei sprechen und selbst schwierige Reden, Vorträge oder Präsentationen souverän halten könnten?

Versetzen Sie sich in eine solche Situation: Wie reagieren Ihre Zuhörer? Wie reagiert Ihr Chef, Ihr Kunde, Ihr Kollege, ...? Können Sie fühlen, wie Sie sich fühlen würden? Spüren Sie in sich dieses tolle Gefühl des Erfolgs? Lassen Sie sich einmal geistig voll in diese Situation fallen. Schließen Sie dafür die Augen und setzen Sie alle Sinnesorgane ein. Sehen Sie Ihre Zuhörer, hören Sie, was Sie sagen, wie Sie gelobt werden. Fühlen Sie in sich hinein und lassen Sie dieses tolle Gefühl zu. Genießen Sie es.

Und nun stellen Sie sich folgende Fragen: Wollen Sie das wirklich? Ja? Wie sehr? Was wäre es Ihnen wert? Was würden Sie dafür tun?

Sind Sie bereit, Ihre bisherige Art zu lernen vollkommen umzukrempeln? Können Sie Neues erst einmal zulassen, bevor Sie es be- oder gar verurteilen? Sind Sie bereit, etwas Unkonventionelles auszuprobieren? Glauben Sie an Ihre Fähigkeiten? Glauben Sie an sich?

Wenn Sie die meisten dieser Fragen mit „Ja" beantwortet haben, sollten Sie dieses Buch durcharbeiten und so lernen, die „Geisselhart-Methode des Gedächtnis- und Mentaltrainings" anzuwenden. Dann kann alles, was auf der Cover-Rückseite steht, für Sie Wirklichkeit werden. All das können Sie tatsächlich erreichen. Und zwar ganz ohne mühsames Lernen, ohne Anstrengung, ohne Stress – sondern mit Leichtigkeit und Spaß. Dabei wünsche ich Ihnen, liebe Leserin, lieber Leser, viele Erfolgs- und Aha-Erlebnisse, viel Freude und Motivation sowie viele neue Inspirationen.

Ihr Autor und Trainer

Oliver Geisselhart

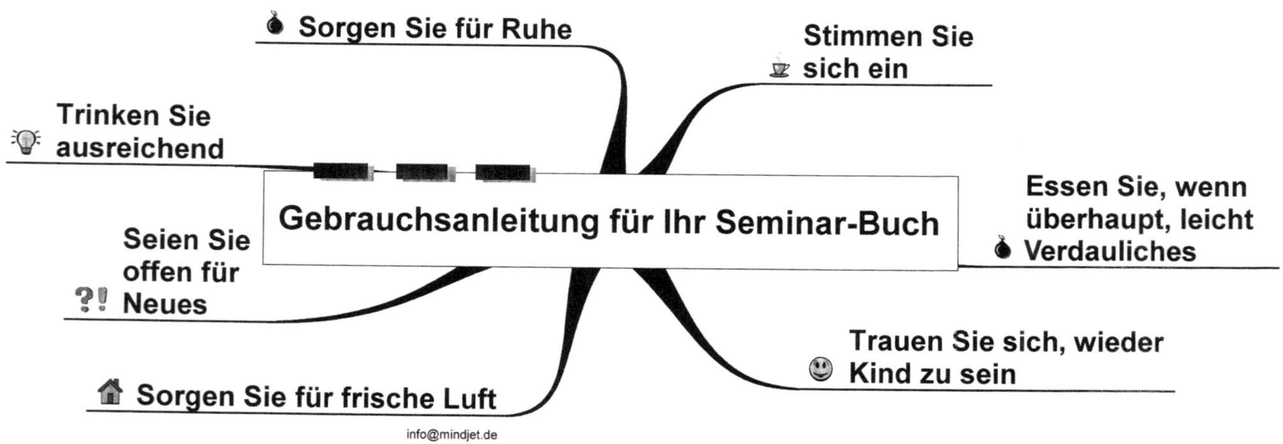
Gebrauchsanleitung für Ihr Seminar-Buch
Sorgen Sie für Ruhe
Trinken Sie ausreichend
Seien Sie offen für Neues
Sorgen Sie für frische Luft
Stimmen Sie sich ein
Essen Sie, wenn überhaupt, leicht Verdauliches
Trauen Sie sich, wieder Kind zu sein
info@mindjet.de

Einleitung

Tja, liebe Freunde, erst einmal muss ich Sie enttäuschen – und zwar in mehrfacher Hinsicht. *Erstens:* Ihr Gedächtnis wird durch die Lektüre dieses Buches nicht besser. *Zweitens:* Selbst wenn Sie wirklich alle Übungen absolvieren, bleibt Ihr Gehirn das alte. *Drittens:* Es handelt sich bei diesem Druckwerk mitnichten um ein Lesebuch zum Schmökern.

Tun ist effektiver als lesen

Ihr Seminar in Buchform

Ihr Gedächtnis ist besser, als Sie glauben

Damit Sie jetzt nicht völlig enttäuscht sind und das Buch gleich wieder weglegen, habe ich aber auch einige gute Nachrichten für Sie. *Erstens:* Ihr Gedächtnis ist schon perfekt, Sie müssen es nur noch richtig benutzen. Wie Sie dies tun können, steht ja in diesem Buch. Also: Alles wird gut! *Zweitens:* Ihr Gedächtnis wird zwar nicht besser, wenn Sie die Übungen im Buch durchspielen, aber Sie werden sich durch ebendiese Übungen wesentlich mehr (in bestimmten Bereichen bis zu 500 %!) merken können als bisher.

Drittens: Sie halten ein Übungsbuch in Händen. Man könnte es auch „Seminarbuch“ nennen. Sie durchlaufen, unterstützt von der dazugehörenden CD, ein echtes Seminar. Ein wirkliches Memo-Rhetorik-Training. Voraussetzung für Ihren Erfolg ist allerdings, dass Sie es von vorne bis hinten – spielerisch engagiert – *durcharbeiten.* Als Lohn erfüllen sich wirklich, wirklich, wirklich alle Versprechungen für Sie, die bisher in und auf dem Buchdeckel gemacht wurden, garantiert!

Nützliche Seminar-Tipps

Wie also arbeiten Sie mit diesem Werk, um den größten Nutzen daraus zu ziehen? Nun, es gibt ein paar Tipps, die Ihnen tatsächlich etwas bringen werden. Vorausgesetzt, Sie setzen diese Anregungen auch ehrlich um.

Nehmen Sie sich Zeit für Ihr Gedächtnis

Als *Erstes* sollten Sie sich ein wenig auf die bevorstehende Lektüre und die damit verbundenen Übungen einstimmen. Sie sollten Ihre Alltagsprobleme hinter sich lassen und sich nur für Ihr Gedächtnis Zeit nehmen. Sie investieren damit in sich selbst. Dies brachte und bringt noch immer die beste Rendite, gerade in der heutigen Zeit.

Zweitens: „Ein voller Bauch studiert nicht gern.“ Sie sollten also, wenn Sie vorher überhaupt essen, leichte Kost zu sich nehmen. Etwas, das schnell und leicht verdaulich ist.

Drittens: Trinken Sie regelmäßig und genug. Sie sollten vor Ihrem Gedächtnistraining ein großes Glas Wasser oder Apfelschorle trinken. Ihr Gehirn benötigt viel Flüssigkeit, um effektiv arbeiten zu können. Wasser am besten ohne Kohlensäure. Auch während des Trainings sollten Sie immer mal wieder ein paar Schluck Wasser zu sich nehmen. Als kleine Pause zwischen verschiedenen Übungen werde ich Sie daran erinnern.

Leichte Kost, frische Luft, viel Wasser und Ruhe

Viertens: Sorgen Sie bitte für frische Luft. Denn Ihr Gehirn ist eines der Organe, das mit am meisten Sauerstoff benötigt. Auch daran erinnere ich Sie zwischendurch immer wieder.

Fünftens sollten Sie Ruhe haben. Lärm lenkt Sie zu sehr ab, wenn Sie eine neue Mentaltechnik lernen. Sie können gerne etwas Entspannungsmusik leise als Hintergrunduntermalung laufen lassen. Aber Fernsehen, Radio, eine Unterhaltung nebenher oder dergleichen sind tabu.

Vertrauen Sie Ihrer kreativen Seite

Sechstens: Öffnen Sie sich für Neues. Machen Sie bitte immer die zum Abschnitt oder Kapitel gehörenden Übungen, bevor Sie den Text beurteilen. So manche Aussage und wohl auch so manche Übung wird Ihnen völlig blödsinnig vorkommen. Je mehr Sie ein „Verstandesmensch" sind, desto schlimmer dürfte dies sein. Sobald Sie aber die Übung gemacht haben, werden Sie garantiert verblüfft sein, wie viel Sie sich merken können. Dies führt langsam, aber sicher dazu, dass Sie Vertrauen in die kreative Seite in Ihnen bekommen, und Ihr Verstand wird begreifen, dass Sie alles ganz richtig machen. Durch die vielen Jahre, die Sie in der Schule, in der Ausbildung und im Studium verbracht haben, haben Sie automatisch Ihr Verstandesdenken übertrainiert. Dadurch wurde unbewusst Ihr kreatives, Ihr Bilderdenken vernachlässigt.

An dieser Stelle möchte ich Sie etwas fragen: Haben Sie schon einmal gegen Kinder Memory gespielt? Wie waren oder wie sind da so Ihre Chancen? Die meisten Seminarteilnehmer antworten auf diese Frage: „Welche Chancen?" Sie meinen damit, dass sie keine Chance haben. Woran liegt es aber, dass Kinder uns im Memory haushoch überlegen sind? Kinder denken noch ganz natürlich und gehirngerecht in Bildern. Allerdings treffen diese Aussagen nur auf Kinder im Alter von ungefähr drei bis etwa sieben Jahren zu. Sobald die Kinder in die Schule kommen, wird ihnen in den meisten Schulen das Bilderdenken abtrainiert.

In Bildern denken

Immer wieder, besser gesagt bei nahezu jedem Seminar, werde ich von mehreren Teilnehmern gefragt, ob diese Technik nicht auch für Kinder toll wäre. Wenn ich mir als Erwachsener damit Stichpunkte für eine Rede oder sogar ganze Manuskripte in kürzester Zeit, sicher und mit viel Spaß merken kann, muss das doch auch bei Kindern funktionieren. Die müssten sich doch dann auch Texte aller Art, Geschichtsdaten und -fakten oder Vokabeln mit der „Geisselhart-Methode des Gedächtnis- und Mentaltrainings“ spielerisch und flott merken können. Und tatsächlich ist es so. Gerade Kinder haben Spaß an dieser Technik. Je jünger Kinder sind, desto leichter fällt es ihnen, sich Bilder vor dem geistigen Auge, im „Kopf-Kino“, vorzustellen.

Kinder sind noch in der Lage, ihre ganze Kreativität rauszulassen. Wir Erwachsene zensieren immer erst einmal. Oft kommt es so gar nicht zu einer neuen Idee, weil unser Verstand sie – schon bevor wir sie aussprechen – als Quatsch und Kinderkram abtut. Deshalb ist es von immensem Vorteil, wenn Sie sich *siebtens* wieder in Ihre Kindheit zurückversetzen können.

Nun aber genug der Vorrede. Legen wir los. Als Erstes machen wir einen Test. Nicht um Ihnen zu zeigen, wie wenig Sie sich momentan merken können. Betrachten Sie ihn als Standortbestimmung.

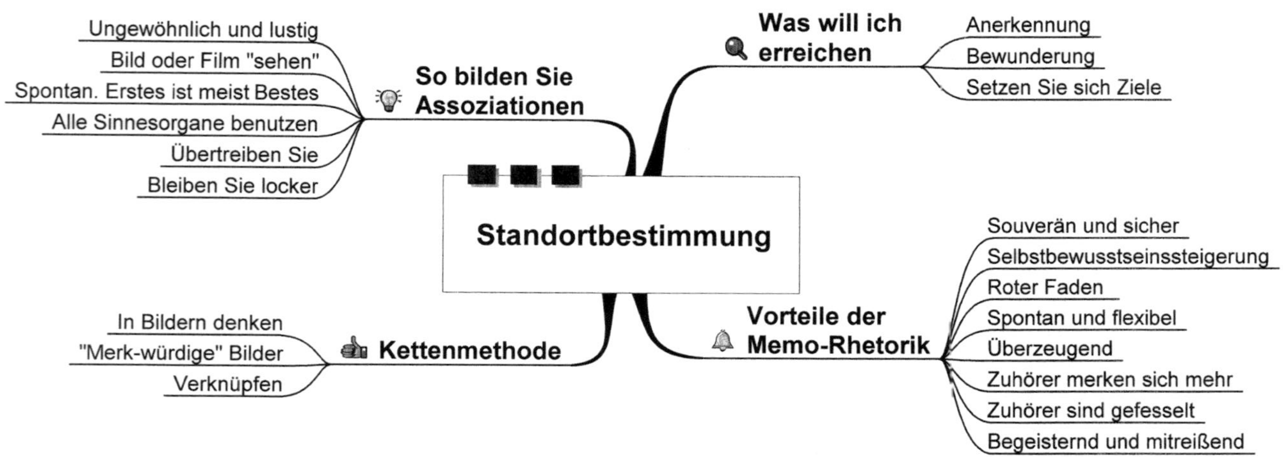

training@teamgeisselhart.de

1. Standortbestimmung

Wie groß ist Ihr Steigerungspotenzial?

Wer ein Ziel erreichen will, muss dieses kennen. Dazu kommen wir noch. Er muss aber auch wissen, wo er sich befindet, wie weit er schon ist und welche Strecke bereits hinter ihm liegt. Sonst lässt sich der weitere Weg erst gar nicht planen. Um herauszufinden, wo Sie im Moment stehen, also dieser kleine Test. Sie können dadurch vergleichen. Sie erkennen später, was Ihnen die einzelnen Übungen gebracht haben und um wie viel Sie sich verbessert haben. Es geht hierbei also um eine Art Bestandsaufnahme, um eine Standortbestimmung. Als Trost sei vorweggenommen: Je weniger Sie bei diesem Test erinnern, desto größer ist Ihr Steigerungspotenzial!

Es ist bei diesem Test, wie bei allen Übungen, enorm wichtig, dass Sie sich genau an die Anweisungen halten. Nur so sind ein exakter Vergleich und eine genaue Erfolgskontrolle möglich.

Einstiegstest

Stellen Sie sich einmal vor, Sie sollten zu den unten stehenden Begriffen eine Rede halten. Dies wären dann die Stichworte, die Sie sich notieren würden. Allerdings möchten Sie Ihren Vortrag frei halten. Deshalb wollen Sie alle Stichpunkte im Kopf parat haben.

Lesen Sie sich bitte die folgenden Begriffe durch. Merken Sie sich die Begriffe in der Reihenfolge, wie sie aufgeführt sind. Wie, ist egal. Einfach nur merken. Sie haben dazu maximal zwei Minuten Zeit. Nach diesen zwei Minuten decken Sie die Begriffe bitte mit einem Papier ab oder sorgen auf andere Weise dafür, dass Sie die Begriffe nicht mehr ansehen. Dann folgen Sie bitte den Anweisungen des Tests. Bitte nehmen Sie sich jetzt eine Uhr mit Sekundenzeiger zur Hand und halten Sie sich an diese Zeitvorgabe. Also los:

Wasserball
Dachterrasse
Handy
Kofferraum
Philosophie
Geschäftsreise
Parkettfußboden
Himmel
Deckenbeleuchtung
Kuchenblech
Intelligenz
Liebe
Wasserglas
Uhr
Kerzenleuchter
Laptopcase
Straßenbahn
Termin
Heizung
Motivation

Nun holen Sie sich bitte ein Glas Wasser, nehmen einen großen Schluck, öffnen das Fenster und atmen drei bis viermal tief ein und aus. Sie decken die Stichworte zu und tragen in die Liste alle Wörter, die Sie vom Test noch wissen, ein.

Wasserball

Jetzt kennen Sie Ihr Steigerungspotenzial

Vergleichen Sie bitte Ihre Liste der Begriffe mit der zu merkenden Stichwortliste. Nun, wie viele wussten Sie noch? Und wie steht es mit der Reihenfolge? Die meisten Seminarteilnehmer kommen bei diesem Test auf etwa vier bis sieben. Wenn Sie also darüber liegen: Gratulation. Wenn Sie darunter liegen: Ebenfalls Gratulation, denn Sie haben ein wirklich tolles Steigerungspotenzial!

Bei der folgenden Übung wenden wir auch schon die Grundtechnik der „Geisselhart-Methode“ an:

Das Bilderdenken

Unser Gehirn denkt normalerweise von Geburt an in Bildern. Denken Sie daran, was wir vorher über Kinder gesagt haben. Außerdem: „Ein Bild sagt mehr als tausend Worte.“ Sie können daher mit nur einem Bild eine immense Menge an Informationen abspeichern.

Sie können sich einen ganzen Roman merken

Haben Sie schon einmal einen Roman oder einen Krimi gelesen? Sicher haben Sie das. Erinnern Sie sich vielleicht noch daran? Könnte gut sein, denke ich. Selbst wenn es schon einige Zeit her ist. Zumindest konnten Sie das Gelesene damals Ihrer Freundin oder Ihrem Freund, Ihrem Mann oder Ihrer Frau erzählen. Und zwar ohne dass Sie die wichtigen Dinge vergessen haben. Auch die Reihenfolge hatten Sie ziemlich genau drauf. Warum? Weil Sie während des Lesens in Ihrem Kopf einen Film gesehen haben. Sie stellten sich die im Buch geschriebenen Szenen vor Ihrem inneren Auge vor. Als Sie später die Buchverfilmung im Kino gesehen haben, dachten Sie: „Mein Film war viel besser!“ War es nicht so?

Aus Fachbegriffen Bilder machen

Wenn Sie aber ein EDV-Handbuch oder vergleichbare Fachliteratur lesen, können Sie die Inhalte dann genauso wiedergeben? Wahrscheinlich nicht. Und zwar, weil Sie eben diese Informationen nicht als Film in Ihrem „Kopf-Kino“ gesehen haben. Es ist wesentlich einfacher, sich eine Geschichte von einem Privatdetektiv vorzustellen als etliche Fachbegriffe und abstrakte Daten und Fakten. Eine unserer wichtigsten Aufgaben wird es daher sein, dass Sie lernen, ebendiese Fachbegriffe in Bilder zu verwandeln. Denn in den seltensten Fällen halten Sie Reden über einfache Gegenstände, die man sich auch einfach vorstellen kann. Meistens handelt es sich um abstrakte Begriffe und Fachwörter.

Die nun folgende Übung ist vom Schwierigkeitsgrad mit dem Einstiegstest vergleichbar. Allerdings werden Sie die Begriffe nicht einfach als einzelne Begriffe aufnehmen. Sie werden sich diese in Form einer Geschichte einprägen, einer sehr „merk-würdigen" Geschichte. Unser Gehirn merkt sich Bilder besser als Geschriebenes und Skurriles besser als Normales. Deshalb wird die Geschichte alles andere als normal sein. Sie wird Ihnen vielleicht sogar bescheuert vorkommen. Sie könnten es auch positiv ausdrücken und die Geschichte als „kreativ" bezeichnen. Sie hätten in beiden Fällen Recht.

Bitte keine Vorurteile, lassen Sie kreative Ideen zu

Die meisten Menschen stempeln eine kreative Idee zuerst einmal als „bescheuert" ab. Wenn die Idee dann tatsächlich umsetzbar ist und funktioniert, ist sie plötzlich „genial". Also freuen Sie sich, wenn Sie bescheuerte Gedanken entwickeln und vor allem auch zulassen können. Denken Sie noch einmal an kleine Kinder: Für Kinder ist so schnell nichts bescheuert. Sie sind noch ganz natürlich und ihr Gehirn lässt noch kreative Ideen zu, ohne sie gleich als Quatsch zu verurteilen.

Drehen Sie in Ihrem Kopf einen Film

Stellen Sie sich die nun folgende Geschichte so genau wie möglich vor Ihrem inneren Auge vor. Versuchen Sie, alle Details in den schönsten Farben zu sehen. Wenn Sie es schaffen, lassen Sie auch alle Gefühle zu, die Sie dabei haben. Tun Sie so, als wäre die Geschichte Wirklichkeit und Sie würden sie gerade erleben. Was würden Sie dann denken? Wie würden Sie sich dabei fühlen? Was würden Sie hören, sehen, zu sich selbst sagen?

Wenn Sie Schwierigkeiten haben sollten mit dem Bilderdenken, so ist das völlig normal. Sie müssen die Geschichte nicht so sehen, wie ich es oben beschrieben habe. Das Vorgehen würde zwar sehr wahrscheinlich zu einem besseren Ergebnis führen, aber da wir noch am Anfang stehen, dürfen Sie's noch auf konventionelle Weise probieren. Machen Sie dann einfach alle Übungen wie beschrieben und Ihr Kopf-Kino entwickelt sich ganz von selbst. So war es bisher noch bei allen Seminarteilnehmern und bei Ihnen wird es genauso sein. Seien Sie einfach etwas geduldig und es wird sich langsam, aber sicher ganz von selbst einstellen. Für den Anfang reicht es, wenn Sie meinen, da könnte etwas sein, in Ihrem Kopf-Kino.

Also, auf zum „Verbildern"!

Die Kettenmethode

Die Begriffe, die Sie sich merken sollen, sind *kursiviert.* Wir verketten die einzelnen Begriffe unter Zuhilfenahme einer Geschichte. Also, der erste Begriff wird mit dem zweiten verkettet (Sie können auch verknüpft sagen), der zweite mit dem dritten, der dritte mit dem vierten usw. Konzentrieren Sie sich einfach auf die Geschichte und stellen Sie sich diese so echt wie möglich vor. Mehr brauchen Sie nicht zu tun. Für den Anfang ist dies aber auch genug.

Übung zur Fortschrittsmessung

Stellen Sie sich bitte eine *Straßenbahn* vor. Sie sehen also jetzt in Ihrem „Kopf-Kino" eine Straßenbahn, bitte. Als Nächstes stellen Sie sich bitte eine *Mineralwasserflasche* vor.

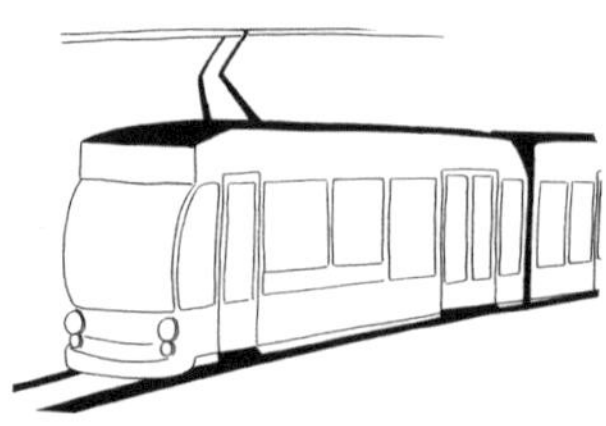

Jetzt verknüpfen wir die beiden Gegenstände auf völlig absurde Art und Weise, denn: je absurder („merk-würdiger"), desto besser erinnern Sie sich daran. Stellen Sie sich also vor, wie Sie in die *Straßenbahn* einsteigen möchten, und als die Tür aufgeht, kommt Ihnen eine Flut *Mineralwasser* entgegen.

Übung: Eine „merk-würdige" Geschichte

Fix beschriften Sie mit Ihrem wasserfesten *Filzstift* eine *Diskette*, legen diese dann behutsam in Ihren *Koffer* und treten ein. (Bitte denken Sie immer an Ihren Film. Denken Sie in Bildern mit. Schließen Sie kurz die Augen und stellen Sie sich diese Szene möglichst lebendig vor.) Kaum haben Sie sich gesetzt, spüren Sie eine leichte Vibration unter Ihrem Po und Sie merken, dass Sie auf einem *Telefon* sitzen, das laut klingelt. Um den Hörer abnehmen zu können, schalten Sie die *Deckenbeleuchtung* ein. Das Licht fällt auf ein großes *Regal,* das auf einem Ersatzrad steht (Augen zu und Bilder machen). Dieses *Ersatzrad* beginnt zu rollen. Es rollt gegen ein dickes, buntes *Buch,* welches direkt in der Mitte des *Autobahndreiecks* liegt. Sie wollen nun gleich das ganze Autobahndreieck kaufen, aber als Sie Ihre *Geldbörse* zücken wollen, ist diese verschwunden (weiterhin den Film vor Ihrem geistigen Auge mitlaufen lassen). Ihre *Intuition* sagt Ihnen, sie könnte unter der *Straßenlaterne* liegen. Sie finden sie tatsächlich dort und Sie schauen auf Ihre Uhr, stellen dabei fest, Sie haben viel *Zeit* gespart, denn Sie müssen schnellstens an

Ihren *Konferenztisch*, um dort mit viel *Kreativität,* also völlig bunt und wild, Ihr neu entworfenes, kreatives *Balkongeländer* zu präsentieren (in Bildern denken). Dieses Balkongeländer eignet sich hervorragend, um mit *Würde*, also hocherhobenen Hauptes, auf ihm zu balancieren und die „Geisselhart'sche *Gedächtnistechnik"* zu lernen. Sie sehen sich also diverse Begriffe memorieren und erfolgreich wiedergeben.

Bitte die Geschichte als Filmchen deutlich vor Ihrem geistigen Auge ablaufen lassen, „Bilderdenken" ist die Zauberformel.

Entwickeln Sie Ihr Kopf-Kino

Um die gleichen Voraussetzungen wie beim Test zu schaffen, stehen Sie bitte auf, holen sich etwas zu trinken, atmen Sie etwas frische Luft und machen erst danach weiter.

Nun testen Sie wieder, wie viel Sie noch erinnern, indem Sie einfach die Geschichte nochmals im Geiste ablaufen lassen, die entsprechenden Gegenstände unten notieren und anschließend durchzählen. Zum Vergleich sehen Sie unter den leeren Zeilen die Begriffe einzeln aufgeführt. Die decken Sie selbstverständlich ab. Logo!

Straßenbahn

Straßenbahn
Mineralwasserflasche
Filzstift
Diskette
Koffer
Telefon
Deckenbeleuchtung
Regal
Ersatzrad
Buch
Autobahndreieck
Geldbörse
Intuition
Straßenlaterne
Zeit
Konferenztisch
Kreativität
Balkongeländer
Würde
Gedächtnistechnik

Haben Sie sich gesteigert im Vergleich zum ersten Test? Vielleicht haben Sie sogar fast alle Gegenstände wieder gewusst? Wahnsinn, oder?

Übung macht den Meister. Schneller als Sie denken.

Jetzt kennen Sie die Grundtechnik

Mit dieser Grundtechnik können wir nun weiter üben. Egal, was Sie sich merken wollen, wenn Sie in der Lage sind, die entsprechenden Informationen zu „verbildern", können Sie sich diese auch schnell, ohne Mühe und langfristig merken.

Wahrscheinlich hatten Sie bei den abstrakten Begriffen, also „Intuition", „Zeit", „Kreativität" und „Würde" mehr Probleme. Diese sind schwerer zu verbildern als einfache Gegenstände, die ja von sich aus schon ein Bild ergeben. Diese Erfahrung haben Sie ziemlich sicher auch schon beim vorigen Test gemacht, stimmt's? Wenn nicht, schätzen Sie sich glücklich. Denn dann gehören Sic zu den etwa fünf Prozent der Menschen, die das hinkriegen. Dies ist keine wissenschaftliche Zahl. Sie lässt sich aber in den Seminaren immer wieder beobachten. Und zwar über alle Bildungsschichten hinweg.

Was will ich erreichen?

Anerkennung und Bewunderung

Schon seit jeher werden Menschen, die gut reden können, von anderen bewundert. Ein selbstsicheres Auftreten und vor allem eine freie Rede beeindruckt immer wieder. Ein solcher Redner wird schlichtweg mit dem Wort „souverän" bezeichnet. Es liegt in der Natur der meisten Menschen, dass sie sich nach Anerkennung, Respekt und Liebe sehnen. Maslow lässt grüßen. Dies ist relativ einfach durch gute Reden zu erreichen. Sie sollten sich jedoch auch bewusst sein, dass Sie, und zwar völlig ohne etwas zu tun, unendlich viel wert sind. Einzig und allein, weil Sie sind, wie Sie sind, gebührt Ihnen Anerkennung, Respekt und Liebe.

In meinen Seminaren und Vorträgen mache ich gerne folgenden Test mit den Teilnehmern (falls Trainer dies lesen, machen Sie es auch einmal. Erzeugt ein ungeheures Aha-Erlebnis):

Ich halte einen 20-Euro-Schein in die Höhe und frage, wer ihn haben möchte. Meistens gehen alle Hände in die Höhe. Ein paar trauen sich manchmal nicht, da sie vermuten, dass damit eine Übung oder ein Test verbunden sei. Nachdem ich den Teilnehmern aber versichert habe, dass einer von ihnen den Schein einfach so bekommen kann, sind alle Hände oben. Dann zerknülle ich den Schein vor den Augen der Teilnehmer und frage, wer den Schein nun immer noch will. Wieder gehen alle Hände nach oben. Dann werfe ich den Schein auf den Boden und trete darauf herum. Wieder frage ich und wieder gehen alle Hände hoch. Dann erkläre ich, dass wir alle ab und zu, mal mehr, mal weniger, zerknüllt werden, in den Dreck fallen. Es wird auf uns herumgetrampelt. Meist fühlen wir uns danach weniger wertvoll. Wieso? Der Geldschein ist doch auch nicht weniger wert, nur weil er dreckig und zerknittert ist!

Machen Sie sich unabhängig von äußerer Anerkennung

Machen Sie also Ihren Wert nicht vom Lob und von der Anerkennung, die von außen kommt, abhängig. Lernen Sie, sich selbst zu loben und Ihren Wert zu schätzen. Lernen Sie, sich geliebt und respektiert zu fühlen, einfach nur weil Sie „sind" und nicht weil Sie etwas Bestimmtes „tun". Dann können Sie die Anerkennung, die Sie z. B. durch eine Rede erhalten, noch viel tiefer genießen, machen sich aber nicht davon abhängig.

Was passiert, wenn Sie sich von der Anerkennung von außen abhängig machen, konnten Sie bei Rex Gildo miterleben. Er erhielt leider kein Lob von außen mehr, konnte sich selbst nicht genug wertschätzen und hat seinem Leben ein Ende gesetzt. Er war abhängig vom Lob von anderen, von außen.

Wie Sie Ihr Selbstwertgefühl stärken können und mit welchen Techniken Sie sich vom Leistungs- und vom Tun-Zwang lösen können, erfahren Sie weiter hinten im Kapitel „Von Lampenfieber, Vorbereitung und Mentaltraining".

Setzen Sie sich Ziele

Genuss statt Sucht

Wenn Sie also die Anerkennung, das Lob und den Erfolg zwanglos und quasi „suchtfrei" genießen können, und ich glaube fest, dass es nur dann wirkliches Genießen ist, können Sie sich damit auch wunderbar motivieren. Dann ist es wirklich toll, ein solches Gefühl zu haben, ein solches Ziel zu erreichen. Dies verhält sich genauso wie beim Genuss-Raucher, -Trinker, -Jogger, -Esser ... Nur wenn Sie dies nicht zwanghaft tun müssen und sich nicht schlecht fühlen, wenn Sie es nicht tun, also Entzugserscheinungen bekommen, nur dann können Sie es wirklich genießen.

Motivation durch Ziele

Es ist also durchaus legitim, sich Ziele zu setzen wie: „Bei meiner nächsten Rede reiße ich die Zuhörer mit und erhalte Standing Ovations." Oder: „Nach Beendigung meiner nächsten Rede kommen ca. fünf Teilnehmer zu mir und beglückwünschen mich zu meinem gelungenen Vortrag." Oder: „Mein Chef lobt mich nach meiner nächsten Rede für mein souveränes und sicheres Auftreten." Oder: „Mein Mann/meine Frau lobt mich für die einfühlsame und doch lustige Geburtstagsrede zu Mutters Achtzigstem."

Seien Sie sich aber stets bewusst, dass es sein kann, dass Sie dieses Ziel niemals exakt so erreichen. Freuen Sie sich deshalb über jede Verbesserung. Analysieren Sie Ihre Vorträge, fragen Sie Freunde nach Feedback und sehen Sie negative Kritik als Chance zu wachsen und besser zu werden. Lernen Sie, mit Ihrer Leistung zufrieden zu sein, auch wenn diese nicht perfekt war. Die hierzu nötigen Mental-Techniken lernen Sie im Kapitel „Von Lampenfieber, Vorbereitung und Mentaltraining".

Formulieren Sie für sich also am besten gleich jetzt und hier ein solches Ziel. Es wird Ihnen immer wieder Kraft und Motivation geben zu üben, den inneren Schweinehund zu überwinden und mit Lampenfieber richtig umzugehen.

Souverän freie Reden halten: mit der Power der Memo-Rhetorik!

Der Grund, warum ich dieses Buch durcharbeite, ist:

Mein Ziel

____

____

____

____

____

____

____

____

____

____

____

____

____

Ihre Vorteile der Memo-Rhetorik

Sie erlangen Souveränität und Sicherheit

Da Sie ständig alle Stichpunkte, Argumente und Details abrufbereit gespeichert haben, geht keine Vortragsenergie durch stressiges Suchen oder Überlegen verloren. Sie können auf Fragen und Zwischenrufe locker reagieren, weil Sie Ihre Punkte nummeriert mit den Zahlensymbolen (dazu kommen wir noch) parat haben und deshalb jederzeit selektiv auf Ihre Stichpunkte zugreifen können. Alle Ihre Bausteine sind einzeln, völlig unabhängig voneinander abrufbar.

Ihr Selbstbewusstsein wird automatisch gesteigert

Oben beschriebene Souveränität und Sicherheit steigert Ihr Selbstbewusstsein in Bezug auf Reden und Vorträge enorm. Sie wissen, was Sie können, und beweisen sich dies auch jedes Mal. Dadurch haben Sie bei und nach jeder Rede eine Referenzerfahrung.

Sie haben den roten Faden ständig in der Hand

Durch die oben schon erwähnten Zahlensymbole haben Sie alle Stichpunkte so parat, dass Sie Ihr Konzept bei Bedarf während der Rede umstellen können, und, wenn nötig, auch wieder zum ursprünglichen Konzept zurückkehren können.

Sie können spontan und flexibel reagieren

Sie können einzelne Punkte – bei Fragen etwa – vorziehen, und dann wieder dort einsteigen, wo Sie vor der Frage waren.

Sie wirken extrem überzeugend

Überzeugend sind Sie, wenn Sie souverän, sicher, spontan und flexibel sind. Na bitte.

Ihre Zuhörer verstehen und merken sich Ihre Rede besser

Ihre Rede ist bilderreich und leicht verständlich. Bilder merkt sich das menschliche Gehirn erwiesenermaßen besser als nur

Worte. Auch sind Bilder allgemein verständlicher. Ich bin im Bilde.

Sie sind in der Lage, Ihre Zuhörer zu fesseln

Durch die verständliche, gehirngerechte Formulierung binden Sie Ihre Zuhörer an Ihre Rede.

Ihre Rede begeistert und wirkt mitreißend

Anders als bei herkömmlichen Reden können Ihre Zuhörer mit dem Inhalt tatsächlich etwas anfangen. Sie erzeugen in ihren Köpfen entsprechende Bilder. Diese haben eine große Wirkung auf das Unterbewusstsein.

Sie steigern Ihre Kreativität enorm

Ihr Denken in Bildern und die skurrilen Verknüpfungen (später mehr dazu) trainieren Ihre rechte Gehirnhälfte. Dort sind das Bilderdenken und die Kreativität beheimatet. Durch Schule, Ausbildung und Beruf ist die rechte Hirnhemisphäre leider etwas in Vergessenheit geraten. Diese wird wieder geweckt.

Zeit sparen mit der Power der Memo-Rhetorik!

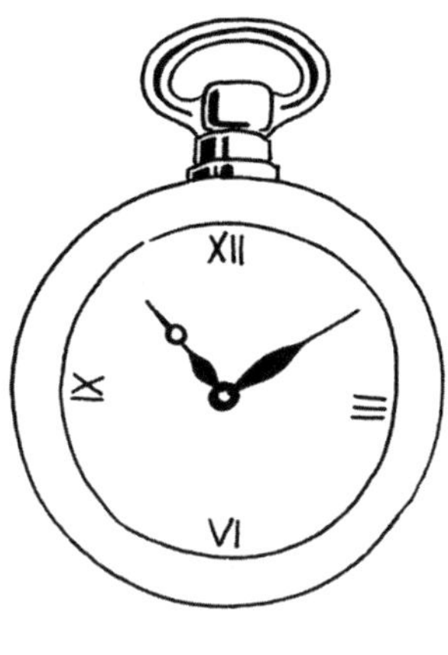

Sie sparen richtig viel Zeit

Wenn Sie bisher für eine 10-Minuten-Rede zwei oder mehr Stunden gepaukt, auswendig gelernt und geübt haben, werden Sie dies nach den Übungen im Buch in ca. zehn bis 20 Minuten erledigt haben.

Vorbereitung wie auch Durchführung machen Spaß

Das Abspeichern der einzelnen Punkte Ihrer Rede macht durch die Bilder, die Sie dazu verwenden, ungeheuer Spaß. Ihr Gehirn wird sich freuen und als Dank jede Menge Glückshormone ausschütten. Auch während Ihrer Rede werden Sie diesen Effekt feststellen.

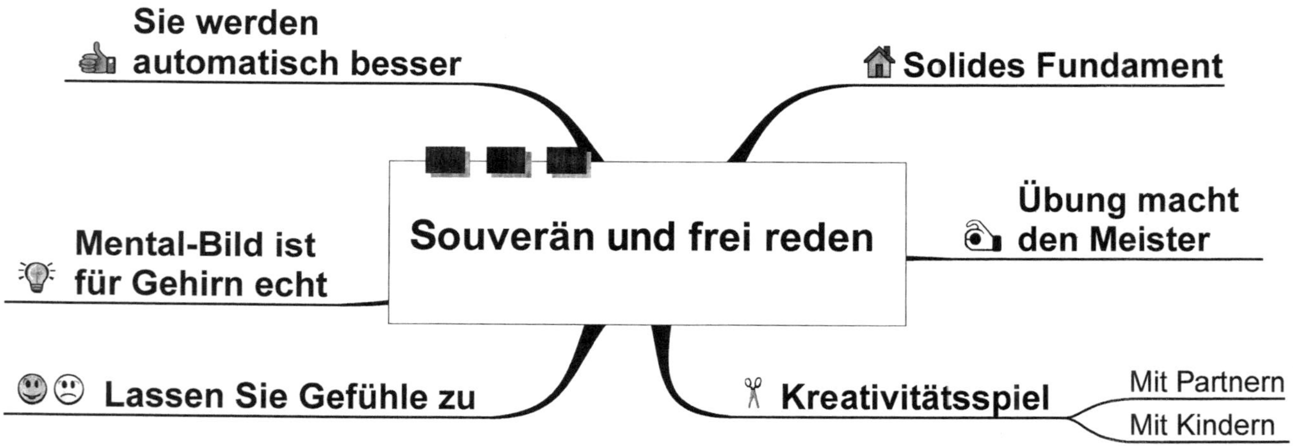

souverän + frei reden.mmp - 09.05.03 - TEAMGEISSELHART - training@teamgeisselhart.de

2. Souverän und frei reden ist keine Zauberei

Entscheiden Sie sich für die Stichpunktrede

Wie die meisten Leute finde ich abgelesene Reden ermüdend und bisweilen langweilig. Daher bin ich ein Verfechter der freien Rede, vor allem der Stichpunktrede. Sie fesselt das Publikum und wirkt natürlich. Ganz anders hingegen die abgelesene Rede. In den seltensten Fällen wirkt sie souverän, und es gehört sehr viel Können dazu, eine abgelesene Rede so zu halten, dass sie natürlich wirkt. Also, dass das Publikum dabeibleibt und nicht abschaltet. Genauso verhält es sich mit wortwörtlich auswendig gelernten Reden. Hier kommt noch zusätzlich zum normalen Vortrags-Stress der Vergessen-Können-Stress dazu. Denn was machen Sie, wenn Ihnen ein wichtiges Wort nicht mehr einfallen will oder wenn Sie einen Blackout haben?

Bei einer Stichpunktrede entfällt dieser Stress, wenn Sie ein Stichwortskript, zum Beispiel auf Karteikarten, bei sich haben. Die Rede wirkt durch die freie Wahl Ihrer Worte natürlich und echt. Mit der „Geisselhart-Methode" setzen Sie dem Ganzen noch ein Sahnehäubchen auf, denn Sie benötigen auch keine Karteikarten mehr.

Streng genommen speichern Sie sich also gleich schon Ihre zweite Rede ab. Denn Sie könnten ja über die Begriffe, die Sie gerade durch die Geschichte der eben gemachten Übung zur Fortschrittsmessung abgespeichert haben, schon eine Rede halten. Dies könnten doch schon Stichpunkte eines Vortrags oder einer Rede sein. Wir wollen aber nun eine echte, wenn auch kurze Rede abspeichern. Lassen Sie uns zusammen ein solides Fundament aufbauen und Sie werden langfristig mehr davon haben, als wenn wir in großen Schritten voraneilen würden. Das erste Thema ist:

Rede: Verbesserungsvorschläge für die Arbeitsplatzgestaltung

Stichpunkte genügen, wenn Sie im Thema fit sind

Sie haben sich dazu beispielsweise die unten stehenden Stichpunkte notiert, die Sie in Ihrem Vortrag dann mit entsprechenden Beispielen und Erklärungen untermauern wollen. Wenn Sie im Thema drin sind, reichen Ihnen ohnehin Stichworte. Sie werden später auch Techniken kennen lernen, mit denen Sie sich Unterpunkte, Beispiele und Details zu den einzelnen Stichpunkten merken können. So meistern Sie auch Themen, in denen Sie nicht so firm sind und Gefahr laufen, wichtige Punkte zu vergessen. Wenn Sie allerdings, wie in unserem Beispiel vorausgesetzt, voll im Thema sind, reichen Ihnen einfache Stichpunkte. Für den Anfang sollen sechs Punkte genügen. Hier also sind sie:

Schreibtisch ans Fenster
PC schräg dazu auf rollbarem Ständer
Ablagekörbe auf Rollwagen
Telefon links am Schreibtisch auf Teleskoparm
Geschlossener Schrank statt offenem Regal
Archiv in Nebenraum

Wir speichern diese Punkte mit der Ihnen nun schon etwas vertrauten Kettenmethode ab. Wir kreieren also ein nettes Filmchen, möglichst absurd und „merk-würdig" eben.

> Sehen Sie doch vor Ihrem geistigen Auge einmal ein Büro. Der Schreibtisch steht verschämt in einer dunklen Ecke. Er schielt dauernd Richtung Fenster. Er würde so gerne dort stehen. Aus Mitleid packen Sie an und schieben den *Schreibtisch ans Fenster*. Hier freut er sich. Auf einmal kommt ganz von selbst und freudestrahlend der *PC auf einem rollbaren Ständer* herangerollt. Oh-oh, das will den Ablagekörben aber so gar nicht gefallen. Sehen Sie, wie die *Ablagekörbe auf Rollwagen* neidisch angefahren kommen. Sie wollen halt auch dazugehören. Die Schublade des Rollwagens geht auf und herauskommt, wer hätte das gedacht, das Telefon. Es klettert auf den Schreibtisch rauf und nun befestigt sich, völlig selbstständig, das *Telefon links am Schreibtisch auf einem Teleskoparm*. Das haut das stärkste Regal um! Geschwind wird es entsorgt und wir stellen einen *geschlossenen Schrank statt offenem Regal* auf. Wie von Geisterhand gehen bei dem Schrank die Türen auf und er saugt alles, was unnütz herumliegt, ein. Vieles davon allerdings spuckt er wieder aus. Und zwar ins neue *Archiv im Nebenraum*. Geschafft!

Ein sicheres Fundament für Ihre Redekunst

O. k., es waren nur sechs Punkte und die Geschichte ist arg umfangreich. Trotzdem werden Sie die Geschichte leicht abgespeichert haben. Sicher könnten Sie die sechs Punkte auch einfach so auswendig lernen. Sie würden auch nicht mehr Zeit brauchen. Nur hätten Sie sie dann nicht ganz so gut und auch nicht so lange drauf. Außerdem beachten Sie bitte: Wir sind am Anfang. Wir gießen gerade unser Fundament. Je tiefer und besser das ist, die Baudamen und -herren unter Ihnen wissen das, desto größer kann das Gebäude gebaut werden. Und desto sicherer steht es. Und sicher wollen Sie doch auch stehen, oder? Vorne. Vorne auf der Bühne.

Also testen Sie, nachdem Sie wieder eine kleine Pause eingelegt haben, wie es mit den Punkten aussieht. Lassen Sie die Geschichte wie beim Einstiegstest vor Ihrem geistigen Auge wieder ablaufen. Begonnen haben wir mit:

Schreibtisch ans Fenster

Bleiben Sie locker

Wie lief es? Darf ich gratulieren? Falls nicht: locker bleiben! Das ist überhaupt ein Super-Motto beim Lernen. Nur wer locker, spielerisch und unverkrampft lernen kann, kann auch sein volles Potenzial ausschöpfen. Verbissenheit und Stress gehen immer zu Lasten der Ergebnisse. Auch wenn Sie mit diesen zufrieden sind: Sie könnten besser sein.

Übung macht den Meister. Und ein Lesebuch haben Sie nicht vor sich. Das wissen Sie. Deshalb auf zur nächsten Rede. Die hat es schon mehr in sich.

Rede: Die Vorteile der Memo-Rhetorik

Dies sind wieder Ihre Stichpunkte:

Vorbereitung macht Spaß
Erfolgserlebnisse motivieren
Zeitersparnis
Wortbilder kommen beim Publikum besser an
Wortbilder können sich die Zuhörer besser merken
Freies Reden steigert das Selbstwertgefühl

Stellen Sie sich nun bitte die folgende Geschichte vor:
Sehen Sie sich, wie Sie bei der Vorbereitung lachen *(Vorbereitung macht Spaß)*. Weiter sehen Sie, wie Sie sich bei der Probe – vielleicht vor dem Spiegel –, nachdem Sie die Rede draufhaben, selbst auf die Schulter klopfen *(Erfolgserlebnisse motivieren)*. Nach dem Schulterklopfen schauen Sie auf die Uhr und sehen,

dass Sie sehr schnell waren *(Zeitersparnis)*. Nach dem „Auf-die-Uhr-schauen" treten Sie in Gedanken bereits vor Ihr Publikum und aus Ihrem Mund kommen lauter Bilder, über die sich Ihr Publikum freut *(Wortbilder kommen beim Publikum besser an)*. Da die Zuhörer sich alles gut gemerkt haben, diskutieren diese heftig untereinander *(Wortbilder können sich die Zuhörer besser merken)*. Sie nehmen dies wohlwollend wahr und verlassen unter heftigem Beifall die Bühne. Dies *steigert* natürlich Ihr *Selbstwertgefühl.*

Yeah! Schon wieder eine Rede gespeichert. Nun holen Sie sich bitte ein Glas Wasser, nehmen einen großen Schluck, öffnen das Fenster und atmen drei- bis viermal tief ein und aus. Decken Sie die Geschichte und die Stichworte ab und tragen Sie in die Liste alle Worte ein, die Sie vom Test noch wissen.

Vorbereitung macht Spaß

____

____

____

____

____

Vergleichen Sie bitte Ihre Stichpunkte mit den Originalen. Nun, wie viele wussten Sie noch? Und wie steht es mit der Reihenfolge? Diese Stichpunkte waren schon schwieriger zu merken als einfache Begriffe. Wahrscheinlich ist Ihnen diese Übung wegen der abstrakten Begriffe noch etwas schwergefallen. Wenn nicht, umso besser. Wenn ja, ist das auch absolut okay.

Selbstverständlich ist es, wie weiter vorne ja schon erwähnt, schwieriger, sich abstrakte Stichpunkte, Argumente, Fachbegriffe – Stichworte eben – zu merken, die nicht schon vom Wort her ein Bild ergeben. Damit Sie solche Begriffe schnell und sicher verbildern können, ist noch etwas Übung nötig. Genauso werden Sie, wenn Sie nicht gerade ein kreativer Überflieger sind, Schwierigkeiten haben, die einzelnen Stichpunkte zu einer Geschichte zu verknüpfen. Manche passen einfach nicht zueinander. Und viele Verknüpfungen sind eindeutig so bescheuert, dass Sie diese nie von selbst wählen würden.

Gewöhnen Sie Ihr Gehirn an bescheuert-kreative Verknüpfungen

Sehr wahrscheinlich sträuben Sie sich auch dagegen, meine Vorgaben einfach so zu übernehmen. Damit Ihr Gehirn solche Bilder und Verknüpfungen zulassen und für o.k. befinden kann, machen Sie bitte die nachfolgenden Übungen. Diese steigern Ihre Kreativität und Flexibilität im Denken. Sie werden merken, wie Sie von Übung zu Übung besser werden. Es wird Ihnen zunehmend leichter fallen, „merk-würdige" Bilder zu kreieren. Dies ist unerlässlich, also absolut notwendig, für die praktische Anwendung der Technik. Diese Übungen sind von mittlerweile beinahe 200.000 Seminarteilnehmern (Stand: Sommer 2003) erfolgreich getestet worden. Unter ihnen befanden sich Personen, die sich sogar gegen die „Geisselhart-Methode" gesträubt haben. Sie mussten das Seminar auf Geheiß der Firmenleitung besuchen. Selbst die hartnäckigsten Gegner haben jedoch schnell Spaß daran gefunden und Fortschritte erzielt. Dadurch entwickelte sich eine enorme Motivation selbst bei solchen Fällen.

Das Resultat war eindeutig: Als sie realisierten, dass es funktioniert und sie sich so wirklich viel mehr merken konnten als vorher, waren sie voll dabei. Zusätzlich waren sie verblüfft von ihrer eigenen Kreativität, die sie bei den nachfolgenden Übungen entwickelt haben. Lassen auch Sie sich jetzt von Ihrer eigenen Leistung überraschen und absolvieren Sie die nun folgenden Übungen.

Kreativ wie nie

Individuelle Verknüpfungsmethoden wirken am besten

So, hier ist sie also, die äußerst effektive und doch so einfache Methode, Ihre Kreativität zu wecken. Ja, ja, wecken. Sie müssen nämlich gar nicht neu lernen, sondern lediglich „entwickeln". Also ent-wickeln oder aber auch aus-wickeln. Das heißt, Ihre Kreativität ist schon da, sie muss lediglich aufgeweckt werden. Falls Ihnen die eine oder andere Verknüpfung zu simpel oder zu kindisch vorkommt, denken Sie daran: Kinder sind die besten Memory-Spieler! Folglich sind die kindischen Verknüpfungen die besten. Aber Sie werden gleich selbst entdecken, wie eine Verknüpfung aussehen muss, damit Sie bei Ihnen gut wirkt. Es kommt also bei den folgenden Übungen nicht so sehr darauf an, wie viele Sie sich merken können. Vielmehr sollen Sie ein Gespür dafür entwickeln, wie Sie am wirkungsvollsten Ihre ureigensten Verknüpfungen gestalten, die bei Ihnen und nur bei Ihnen am besten wirken.

Verknüpfungsspiel: Tiere und Spielzeuge

Kuh – Inliner

Integrieren Sie Bekanntes in Ihre Bilder

Stellen Sie sich nun bitte vor, wie eine Kuh auf Inlinern fährt. Absurdes Bild, nicht wahr? Aber halt auch „merk-würdig"! Nur reicht uns eine solche Verknüpfung noch nicht ganz. Wenn Sie zwölf Tiere mit zwölf Spielzeugen spielen sehen, wissen Sie wahrscheinlich nachher gar nichts mehr. Sie wären ziemlich sicher nur verwirrt. Deshalb gehen wir noch einen

Schritt weiter, einverstanden? Stellen Sie sich also zusätzlich vor, wo die Kuh mit Inlineskates fahren könnte. Sie sind vielleicht gerade in der Fußgängerzone Ihrer Stadt beim Einkaufen. Auf einmal hören Sie hinter sich ein lautes „Muh". Sie springen erschrocken zur Seite und mit einer satten Geschwindigkeit rast eine Kuh auf Inlinern an Ihnen vorbei.

Dadurch, dass wir etwas Bekanntes – die Fußgängerzone Ihrer Stadt – in das Verknüpfungsbild integrieren, erreichen wir eine wesentlich höhere Identifikation. Für Ihr Gehirn ist diese Vorstellung dann viel echter und es können sogar Gefühle aufgebaut werden. Dies ist der Schlüssel zum Gedächtnis-Erfolg: Verknüpfen Sie Gefühle mit Ihren Bildern und Sie werden unschlagbar!

Gefühle mit Bildern zu verknüpfen, macht Ihr Gedächtnis unschlagbar

Der wissenschaftliche Hintergrund ist verblüffend: Unser Gehirn kann ein Vorstellungsbild nicht von einem realen Bild unterscheiden. Es ist tatsächlich so. Wenn Sie sich etwas nur vorstellen, und diese Vorstellung ist wirklich naturgetreu, dann glaubt Ihr Gehirn, diese Vorstellung ist Realität. Ihr Gehirn reagiert dann, als würde das Vorgestellte gerade in Wirklichkeit passieren. Vielleicht glauben Sie mir dies nicht so einfach. Haben Sie schon einmal an ein leckeres Essen gedacht oder an ein leckeres Getränk? Sie können dieses kleine Experiment auch jetzt einmal machen. Stellen Sie sich naturgetreu vor, wie Sie in eine saftige, gelbe, saure Zitrone beißen: ah, lecker, lecker! Was passiert? Läuft Ihnen das Wasser im Mund zusammen? Wenn nicht, war nur Ihre Vorstellung nicht gut genug.

Wenn Sie sich einmal an die erste Rede, die Sie gehalten haben, zurückerinnern: Was haben Sie gefühlt, als Sie sich ein paar Tage vorher vorstellten, Sie stünden vorne auf der Bühne? Vielleicht ist es heute noch so bei Ihnen? Es wäre nur menschlich. Kennen Sie dieses heiße Gefühl im Magen und die weichen Knie, obwohl Sie im Bett liegen? Ihr Vortrag ist erst morgen und trotzdem, bei dem Gedanken daran wird Ihnen ganz anders.

Unser Gehirn unterscheidet nicht zwischen Vision und Realität

Wenn Ihr Gehirn wüsste, dass Sie sich das gerade doch nur vorstellen, warum sollte es dann reagieren? Dass Ihr Gehirn dafür zuständig ist, dass Ihnen das Wasser im Mund zusammenläuft oder Sie ein flaues Gefühl im Magen haben, geht in Ordnung, oder? Es ist nicht Ihr kleiner Finger und auch nicht Ihr großer Zeh. Nein, es ist schon Ihr Gehirn. Es reagiert normalerweise nur, wenn es wirklich nötig ist. Also ist das oben beschriebene Phänomen nur darauf zurückzuführen, dass es eben den Unterschied nicht kennt. Ihr Gehirn kann ein geistiges Vorstellungsbild, wenn es gut gemacht ist, nicht von der Realität unterscheiden. Dies ist für uns von immenser Wichtigkeit.

Wie lange, glauben Sie, würden Sie sich an die Kuh auf den Inlinern erinnern können, wenn Ihnen die Geschichte wirklich passiert wäre? Ein Jahr oder vielleicht sogar ihr Leben lang? Ich behaupte einmal, eine solch bescheuerte Geschichte würden Sie Ihr Leben lang nicht vergessen, wenn sie Ihnen wirklich passiert wäre. Okay, Sie würden sie vielleicht niemandem erzählen, aber vergessen würden Sie die Story nie!

Nun muss es uns also gelingen, zu jedem der Paare Tier – Spielzeug solch einprägsame Verknüpfungen herzustellen. Schließen Sie bitte unbedingt immer und bei jeder Verknüpfung die Augen und „sehen“ Sie diese absurde Szene vor Ihrem geistigen Auge.

Maus – Pfeil und Bogen

Nun stellen Sie sich bitte vor, wie eine Maus mit Pfeil und Bogen gejagt wird.

Nehmen Sie hierbei bitte wieder etwas Bekanntes hinzu, z. B. dass die Jagd bei Ihnen im Garten stattfindet, oder – wenn Sie Kinder haben – dass Ihre Kinder Mäuse jagen mit Pfeil und Bogen, und stellen Sie sich dieses Bild so naturgetreu, so echt wie möglich vor. Lassen Sie Ihre ganzen Gefühle in dieses Bild strömen. Überlegen Sie einfach: Wie würden Sie reagieren, wenn Sie diese Szene tatsächlich sehen würden?

Vielleicht jagt aber auch eine Maus mit Pfeil und Bogen – und streift mit Pfeil und Bogen bei Ihnen im Garten durchs Gras. Auch diese Kombination wäre denkbar. Vielleicht werden Sie von der Maus mit Pfeil und Bogen gejagt. Wenn Sie wollen, können Sie sich auch dieses Bild vorstellen.

Oder Sie haben eine andere Vorstellung. Ihre eigene Vorstellung ist meist die beste; dann nehmen Sie natürlich Ihr eigenes Bild. Nur es sollte – wie gesagt – kreativ und ausgefallen sein. Es sollte irgendetwas Bekanntes hinzukommen, irgendetwas aus Ihrer Umgebung, damit es für Ihr Gehirn einfacher ist, eine Verbindung herzustellen. Augen zu und Filmchen „sehen“.

Hund – Murmeln

Jetzt stellen Sie sich bitte vor, wie der Hund die Murmeln auffrisst. Das ist nicht sehr aufregend. Spannend wird es dann, wenn der Hund die Murmeln verdaut hat, also einige Stunden später. Stellen Sie sich einfach vor, wie der Hund sein Geschäft verrichtet und die Murmeln „klick, klick, klick, klick, klick" hinten einzeln rauskommen.

Jetzt werden Sie schmunzeln müssen. Jetzt ist das Bild so, dass es für Ihr Gehirn wirklich außergewöhnlich ist und sich einprägt. Also stellen Sie sich diese Szene bitte bildlich vor, oder, wie vorher schon gesagt, benutzen Sie wieder ein Bild, das Ihrer eigenen Kreativität entspringt, und nicht dieses vorgegebene Bild hier aus dem Buch. Wieder: Augen zu und Filmchen „sehen".

Giraffe – Barbie-Puppe

Bei dieser Verknüpfung stellen Sie sich bitte vor, wie die Barbie-Puppe am Hals der Giraffe herunterrutscht; stellen Sie sich vor, die Giraffe nimmt die Barbie-Puppe mit dem Mund und geht ganz nach oben mit ihrem Hals, die Barbie-Puppe klettert auf den Kopf der Giraffe und rutscht am Hals dieser Giraffe herab und der Körper der Giraffe wirkt praktisch wie eine Sprungschanze.

Wenn Sie sich diese ganze Situation jetzt noch irgendwo in einer Steppe, während Sie gerade auf Safari sind, vorstellen, wirkt dieses Bild doppelt so gut. Stellen Sie sich dabei vielleicht vor, wie Sie mit einer Safari-Truppe unterwegs sind und der Safariführer Ihnen sagt: „Achtung bitte, einmal Ruhe, da vorne sind jetzt gerade die Giraffen, und die ganzen Barbie-Puppen rutschen gerade an den Hälsen der Giraffen runter." Sie beobachten dann diese Szene auf Ihrer Safari-Reise tatsächlich; stellen Sie sich das doch mal vor, als wäre es Wirklichkeit – das werden Sie so schnell nicht wieder vergessen! Augen zu und Filmchen „sehen".

Elefant – Federball

Genauso können Sie bei dieser Verknüpfung verfahren: Stellen Sie sich doch vor, wie die Safari weitergeht, Sie kommen an die nächste Lichtung, auf der sich lauter Elefanten gerade beim Federballspiel vergnügen. Oder aber Sie stellen sich vor, wie Sie einen Zoobummel machen und dort am Elefantengehege vorbeikommen und auch dort sehen, wie die Elefanten miteinander Federball spielen. Oder vielleicht noch etwas verrückter wäre, wenn zwei Kinder Federball spielen und der Ball des Federballspiels wäre ein Elefant. Abermals: Augen zu und Filmchen „sehen".

Immer wieder Kino im Kopf

Wurm – Puppenhaus

Bei dieser Kombination könnten Sie sich vorstellen, wie der Wurm es sich im Puppenhaus richtig schön bequem macht, sich ins Bettchen legt, sich nett zudeckt und sich seine ganze Wohnung in diesem Puppenhaus quasi einrichtet, sodass er da ein schönes Zuhause hat.

Am besten ist dies dann wieder das Puppenhaus Ihrer Tochter, wenn Sie eine haben, oder der Nachbarstochter, Ihrer Nichte, irgendwie einer bekannten Person, sodass Ihr Gehirn dazu wieder die richtige Verbindung herstellen kann. Oder aber etwas anderes Bekanntes, beispielsweise Ihr Garten, der Wald, an dem Sie wohnen, oder die Wiese hinter Ihrem Haus, und Sie sehen dort, wie mehrere Würmer ein Puppenhaus besetzt haben und eben jetzt in diesem Puppenhaus wohnen. Wie würden Sie gucken? Was würden Sie denken, wenn Sie dieses Bild in echt sehen könnten? So schnell würden Sie dies bestimmt nicht wieder vergessen. Augen zu und Filmchen „sehen".

Jetzt müssen Sie selbst kreativ sein

Bei den folgenden Bildpaaren lassen Sie Ihre eigene Kreativität spielen und verknüpfen diese selbstständig. Denken Sie sich, wie in den vorigen Beispielen, geeignete Bildverknüpfungen aus und kombinieren Sie sie mit etwas Bekanntem. Wählen Sie Verknüpfungen, die absurd sind, die möglichst kreativ sind, bei denen ein kleiner Film, eine Geschichte vor Ihrem geistigen Auge abläuft, und sehen Sie diese so klar wie möglich.

Sie werden so erkennen, wie Ihre individuelle Verknüpfung aufgebaut sein muss. Bei einem ist sie logischer, beim anderen absolut abstrakt, absolut bescheuert, absolut kreativ, bei wieder anderen eine Mischung aus vielen Komponenten. Bei einem ist es ein Foto, nur ein Standbild, beim anderen ein Film.

Finden Sie Ihre Präferenz heraus. Finden Sie heraus, wo Ihre Kreativität liegt, wie Ihre Bilder gestaltet sein müssen, so dass Sie – und nur Sie – am allerschnellsten wieder auf den gesuchten Begriff kommen.

Es geht bei dieser Übung noch nicht darum, sich an möglichst viele Begriffe zu erinnern. Vielmehr dient die Übung dazu, dass Sie erkennen, wie muss *ich* bestimmte Begriffe miteinander verbinden, verknüpfen, so dass *ich* sie am besten erinnere. Also basteln Sie sich bitte für die nächsten Wortpaare Ihre eigene Verknüpfung.

Sie können sich, nachdem Sie sich abgeprüft haben, meine Beispiel-Verknüpfungen noch einmal anschauen. Diese finden Sie im Anschluss an die Übung. Wenn Sie sich mit Ihren Bildverknüpfungen noch nicht sicher genug sind, können Sie selbstverständlich auch vorher schon nachsehen. Meine Empfehlung allerdings ist: Machen Sie es erst einmal selbst, testen Sie es einmal und schauen Sie dann, wie viele Sie wieder erinnern, und alles andere kommt danach. Und immer schön die Bilder im Kopf-Kino sehen!!! Unbedingt nach jeder Verknüpfung: Augen zu und Filmchen anschauen.

Stellen Sie sich Ihre Verknüpfungen vor Ihrem geistigen Auge vor

Vogel	–	Trompete
Affe	–	Computer (zählt ja heutzutage zu den Kinderspielzeugen)
Bär	–	Rassel
Delphin	–	Springseil
Pferd	–	Fußball
Känguru	–	Sandförmchen
Schwein	–	Kreisel

Gratulation! Sie haben sich eben zwölf Verknüpfungsbilder einfallen lassen, bzw. wenn Sie die ersten fünf Vorgegebenen übernommen haben, waren es sieben eigene Verknüpfungen. Das ist für den Anfang schon eine große Leistung.

Nun geht es darum, zu testen, wie viele dieser Verknüpfungen so gut waren, dass Sie, wenn nur ein Begriff dieses Begriffspaares genannt wird, sofort den dazugehörigen wissen.

Um sich zu prüfen schauen Sie sich bitte die zwölf einzelnen Begriffe an, die hier im Anschluss stehen. Sie werden dann sehen, dass auf der linken Seite ein Tier steht, und Sie denken bitte bildlich an dieses Tier. Dann müsste Ihnen normalerweise, wenn die Verknüpfung und das Bild gut waren, das dazu verknüpfte Bild im Geiste erscheinen, und das können Sie in die entsprechende leere Zeile eintragen.

So gehen Sie bitte alle zwölf Begriffe durch. Im besten Fall haben Sie alle zwölf, das schaffen jedoch die wenigsten Seminarteilnehmer. Wenn Sie über der Hälfte liegen, sind Sie im Bereich der Guten. Wichtiger ist hierbei jedoch, zu erkennen: Welche Verknüpfungen waren für mich wirklich gut geeignet? Also, schauen Sie sich die Tiere an. Wenn Ihnen bei einem Tier sofort das Bild des Spielzeugs dazu in den Kopf kommt, war es eine Verknüpfung, die für Sie sehr gut war. Dann überlegen Sie sich noch mal, wie sah das Bild aus? Was haben Sie damit gemacht, welche Verknüpfung war das? Dann wissen Sie: „Aha, so sollte eine Verknüpfung aussehen, damit sie bei *mir* gut funktioniert." Alles andere spielt keine Rolle. Es kommt darauf an, dass die Verknüpfung bei Ihnen gut wirkt.

Aber es kann auch vorkommen, dass Sie ein Tier lesen, bei dem Sie sich nicht sicher sind, ob es überhaupt in der oberen Reihe dabei war. Wenn das der Fall ist, haben Sie eine Verknüpfung gewählt, die Sie nicht benützen sollten; denn allem Anschein nach war diese für Sie nicht einprägsam.

Finden Sie die für Sie optimale Verknüpfung

Auf diese Art und Weise finden Sie heraus, welche Verknüpfungen Sie bevorzugen sollten, wie Bilder aussehen müssen, damit Sie sie schnell erinnern, aber eben auch, welche Verknüpfungen Sie besser sein lassen sollten und wie Ihre Bilder eben nicht aussehen sollten.

Sollten bei den letzten sieben Verknüpfungen, die Sie ja vollkommen selbstständig kreiert haben, Probleme aufgetreten sein, so schauen Sie sich doch einfach die von mir vorgegebenen Verknüpfungen weiter unten noch einmal an.

Stellen Sie sich diese Bilder wieder so naturgetreu und so gut wie möglich vor Ihrem geistigen Auge vor, und machen Sie die Übung noch einmal. Sie werden sehen, dann wird es bestimmt einfacher funktionieren. Und vor allem denken Sie an eins: keine Panik! Ihre Kreativität wird sich noch ent-wickeln, aus-wickeln, wie wir vorher gehört haben. Lassen Sie sich Zeit, geben Sie sich Zeit. Stress ist das, was Sie jetzt am wenigsten brauchen können. Wenn Sie Geduld haben und immer weiter üben, werden Sie mit Sicherheit Erfolg haben, und zwar schneller, als Sie denken.

Haben Sie Geduld mit sich

Maus – ____________________

Hund – ____________________

Giraffe – ____________________

Elefant – ____________________

Wurm – ____________________

Vogel – ____________________

Affe – ____________________

Bär – ____________________

Delphin – ____________________

Pferd – ____________________

Känguru – ____________________

Schwein – ____________________

Beispiel-Verknüpfungen

Und hier nun meine Beispiel-Verknüpfungen. Ihre eigenen waren bestimmt – zumindest für Sie persönlich – besser, oder?

Vogel – Trompete

Stellen Sie sich doch einmal vor, Sie machen einen Sonntagsspaziergang durch den Wald und hören auf einmal eine laute Trompete schräg von hinten. Sie drehen sich um und sehen einen großen Vogel auf einem Baum sitzen, der mit dick aufgeplusterten Backen in eine Trompete bläst. Auch dieses Bild würden Sie so schnell nicht wieder vergessen. Oder Sie stellen sich einfach vor, wie bei einem Orchester der Trompeter kräftig in die Trompete hineinpustet und ein Vogel vorne aus der Trompete herausfliegt, der sich darin schon ein Nest gebaut hat.

Affe – Computer

Wir nehmen mal wieder an einer Safari teil. Stellen Sie sich vor, wie Sie an einer Affenhorde vorbeikommen, die gerade dabei ist, auf ihren Computern ihr Tagebuch zu schreiben oder sich eine Reiseroute durch den Dschungel auszudrucken. Sehen Sie die Affen am Computer sitzen und wie wild tippen.

Andere Möglichkeit: bei Ihnen in der Firma. Sie kommen ins Büro und sehen keine Menschen an den PCs sitzen, sondern lauter Affen.

Noch eine Möglichkeit: Ihr Kind, das normalerweise gerne mal am Computer ein Spiel spielt, tut dies jetzt gemeinsam mit einem Affen.

Bär – Rassel
Sie unternehmen eine Tour durch den Zoo, kommen ans Bärengehege und sehen die Bewohner freudig lächelnd auf dem Boden sitzen. Jeder Bär hat eine Babyrassel in der Hand, und alle Bären rasseln um die Wette. Stellen Sie sich dieses Bild lebhaft vor. Auch das wird in Ihrer Erinnerung bleiben.

Delphin – Springseil
Können Sie sich einen Delphin mit einem Springseil vorstellen? Machen Sie es gleich einmal: Der Delphin nimmt mit seinen beiden Flossen das Springseil „in die Hand" und hüpft auf dem Schwanz mit diesem Springseil. Delphine sind ja sehr intelligent und wenn sie gut üben, werden sie wahrscheinlich auch dieses Kunststück fertigbringen.

Pferd – Fußball

Stellen Sie sich vor, wie ein Pferd mit einem Fußball spielt. Vielleicht besser nicht nur ein Pferd – stellen Sie sich elf Pferde vor. Zwei Fußballmannschaften: eine normale mit Menschen, die andere mit elf Pferden. Oder stellen Sie sich vor, wie eine Fußballmannschaft auf Pferden sitzend Fußball spielt. Vielleicht Ihr Lieblingsverein.

Känguru – Sandförmchen

In Australien gibt es ja bekanntlich viel, viel Sand und viel Wüste. Stellen Sie sich doch einfach einmal vor, wie ein Känguru verschiedene Sandförmchen vielleicht sogar selbst entwirft und damit die schönsten Formen (Figuren) aus dem Sand fertigt.

Sie können sich auch den Kindergarten oder den Kinderspielplatz in Ihrer Nachbarschaft vorstellen und sehen, wie die Kinder dort ganz fröhlich mit den Kängurus im Sand spielen. Und womit? Natürlich mit den Sandförmchen.

Schwein – Kreisel

Hier brauchen wir uns nur zu fragen: Wie kommt das Schwein zu seinem Ringelschwänzchen? Ganz klar, weil es ständig mit dem Hintern auf diesem Schwänzchen kreiselt. Also stellen Sie sich in Gedanken mal ein kreiselndes Schwein vor, das auf seinem Ringelschwanz kreiselt. So hätten Sie nun auch „Schwein" und „Kreisel" verknüpft.

Spielen Sie Verknüpfungs-memory

Sie können dieses Spiel übrigens auch sehr gut mit Ihrem Partner oder mit Ihren Kindern spielen. Dazu benötigen Sie lediglich zweimal zwölf Spielkarten. Diese stellen Sie am besten aus ganz normalem Papier her. Sie reißen oder schneiden 24 Kärtchen in der Größe einer Memory-Karte aus, teilen diese 24 in zwei Packen à zwölf Karten, so dass Sie für zwei Spieler jeweils zwölf Spielkarten haben.

Auf den einen Teil der Spielkarten schreiben Sie Tiere, auf den anderen Spielzeuge. Dann haben Sie also zwölf Kärtchen mit jeweils einem Tier darauf und einen zweiten Stapel mit zwölf Karten, auf denen jeweils ein Spielzeug steht. Wichtig ist, dass sich keines der Tiere und auch keines der Spielzeuge in der Zwölfergruppe wiederholen darf.

Dann gehen Sie so vor, wie bei unserem Spiel eben beschrieben: Sie verknüpfen die beiden Begriffspaare miteinander, also beispielsweise, Sie hätten auf dem einen Papier „Vogel“ stehen, auf dem anderen „Trompete“. So verknüpfen Sie wie gewohnt Vogel mit Trompete, sehen dieses als Bild im Geiste und speichern es sich dadurch ab.

Wenn Sie mit den zwölf Kärtchen durch sind, nehmen Sie die erste Karte wieder heran und zeigen diese nun nicht mehr Ihrem Nachbarn (vorher darf der Nachbar diese ja sehen, d. h., er muss sie kennen, um sie genauso abspeichern zu können). Ihr Nachbar, Ihr Mitspieler, Ihr Partner schaut nun auf sein Kärtchen, liest dort eines dieser Spielzeuge, ohne es Ihnen zu sagen und auch ohne es Ihnen zu zeigen, und weiß natürlich, was bei Ihnen draufsteht, denn er hat ja vorher diesen Begriff mit eben genau diesem Spielzeug verknüpft.

So prüfen Sie sich also in einem Durchgang beide ab: Sie sagen Ihrem Partner, was auf seiner Karte steht, und im gleichen Atemzug sagt er Ihnen, was bei Ihnen draufsteht. Wenn die zwölf durch sind, steht der Gewinner fest: Das ist natürlich derjenige, der einfach mehr gewusst hat.

Mein Tipp allerdings lautet: Betrachten Sie dieses Spiel nicht als Wettstreit, bei dem es einen Gewinner und einen Verlierer gibt, sondern sehen Sie es als Gedächtnistraining an, bei dem es nur Gewinner gibt, das heißt, jeder von beiden verbessert seine Gedächtnisleistung.

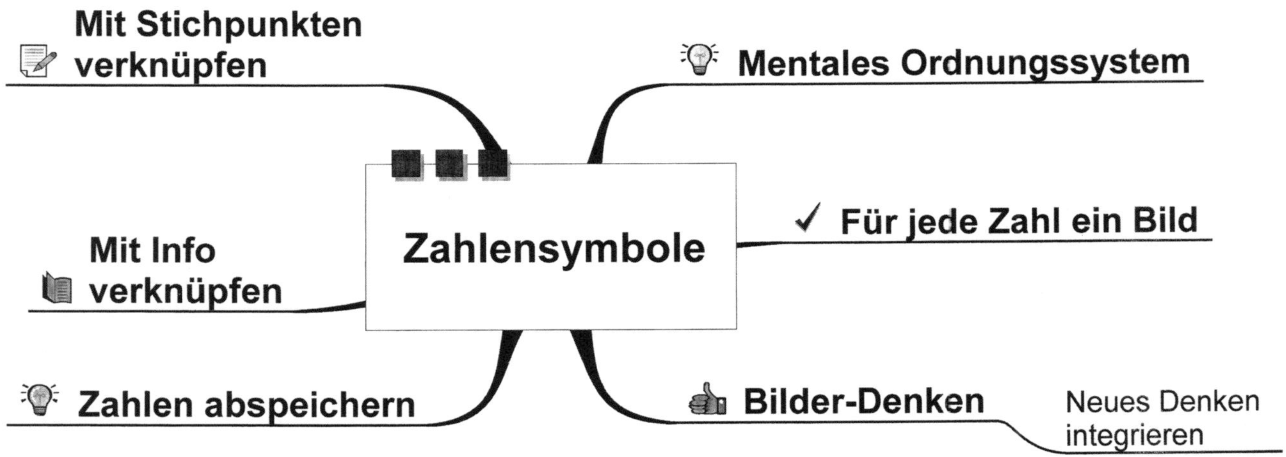

training@teamgeisselhart.de

3. Flexibel reagieren mit Zahlensymbolen

Da Sie nun die grundlegende Methode beherrschen, steigen wir auf die nächste Stufe Ihrer Frei-Reden-Erfolgsleiter: Mit Zahlensymbolen arbeiten ist einfacher, mit Zahlensymbolen sind Sie schneller. Dass dies funktioniert, können Sie sich mit den Beispiel-Reden in diesem Kapitel beweisen.

Gekonnt auf Zwischenrufe und Fragen reagieren

Bisher haben wir uns der „Kettenmethode" bedient. Hierbei ist es Ihnen nicht möglich, selektiv auf bestimmte Abschnitte Ihrer Rede zuzugreifen. Dies funktioniert nur, wenn Sie die einzelnen Punkte tatsächlich durchnummeriert haben. Dadurch sind Sie wesentlich flexibler und können während Ihres Vortrags spontan bestimmte Punkte vorziehen oder auslassen. Zusätzlich können Sie absolut souverän auf Zwischenrufe und Fragen reagieren. Ihre Zuhörer werden verblüfft sein, wenn sie auf einen Einwurf oder eine Frage folgende Antwort hören: „Dieser Punkt wird in meiner Rede an siebter Stelle behandelt. Momentan sind wir beim vierten Punkt. Wenn Sie möchten, gehe ich jetzt schon darauf ein, oder aber ich fahre wie geplant fort und verspreche Ihnen, garantiert auf Ihre Frage zurückzukommen."

Vielleicht kennen Sie dies aus Vorträgen oder Reden, die Sie selbst schon erlebt haben? Die wenigsten Redner kommen wirklich noch mal auf die ihnen gestellte Frage zurück. Hier können Sie sich positiv abheben, denn Sie kommen ja ganz sicher auf eben diesen Punkt zu sprechen (Ihr siebter Punkt).

Wie aber funktioniert nun diese Methode? Wie kann ich mir durchnummeriert die Punkte meiner Rede merken, sodass ich beliebig hin und her springen kann, ohne den roten Faden zu verlieren? Die Antwort lautet auch hier wieder: mit Bildern. Das heißt, wir haben für jede Zahl ein Bild beziehungsweise ein Symbol, da unser Gehirn, wie Ihnen ja nun schon bekannt ist, nur mit Bildern auch wirklich etwas anfangen kann.

Durch diese Bilder können wir nun endlich ein gehirngerechtes Ordnungssystem fürs Gedächtnis entwickeln. Stellen Sie sich doch bitte einmal vor, Sie möchten zu Hause Ihren Tisch decken. Wo suchen Sie nach dem Besteck? Was soll die Frage – werden Sie denken – natürlich in der Besteckschublade. Ist doch klar!

Auch wenn das völlig absurd klingt, stellen Sie sich mal vor, Sie hätten eine Haushälterin, die Ihr Besteck jedes Mal, wenn sie die Geschirrspülmaschine ausräumt, woanders verstaut. Also einmal im Wohnzimmerschrank, das nächste Mal in der Badewanne, dann vielleicht im Kleiderschrank oder sogar im Mülleimer. Könnte es in diesem Fall nicht sein, dass Sie öfters nach Ihrem Besteck suchen müssen? Bestimmt würde es auch vorkommen, dass Sie es gar nicht finden! In der Küche haben wir, um so etwas zu vermeiden, ein Ordnungssystem. Der eine mehr, der andere weniger.

Ihr Gehirn wird übersichtlich wie eine Besteckschublade

Im Gehirn allerdings fehlt dieses Ordnungssystem. Durch die Zahlenbilder installieren wir nun ein solches System. Danach wissen Sie genau, wo Sie etwas abgelegt haben (z.B. in der „Besteckschublade"). Und um dies wieder zu finden, brauchen Sie nur dort nachzuschauen. Die meisten Dinge, die Sie in Ihrem Leben gelernt haben, hat Ihr Gehirn abgespeichert. Das Problem ist weniger das Vergessen als vielmehr das Nicht-Wiederfinden.

Stellen Sie sich doch einmal eine große Bibliothek vor, in der unzählige Bücher in den Regalen stehen. Diese Bücher sind alle in etwa gleich groß und haben die gleiche Farbe. Es gibt keine Wegweiser und auch keine Beschriftungen an den Büchern. Um ein bestimmtes Buch zu finden, müssten Sie also etliche Bände durchblättern und, je nach Glück, finden Sie das Gesuchte früher oder später, wenn Sie wirklich alle Bücher durchschauen. Meist durchsucht Ihr Gehirn nicht alle gespeicherten Informationen, sondern es gibt nach einer gewissen Zeit auf.

Sicher kennen Sie den Fall, dass Ihnen ein bestimmter Name auf der Zunge liegt, er Ihnen aber im Moment nicht einfällt. Einige Zeit später, wenn Sie schon gar nicht mehr daran denken, schießt Ihnen der gesuchte Name plötzlich durch den Kopf. Nur, jetzt brauchen Sie ihn nicht mehr. Ihr Gehirn suchte also im entspannten Zustand weiter und fand das Gesuchte tatsächlich.

Zahlen werden Bilder, Bilder werden Wegweiser

Durch die Zahlensymbole installieren wir also – bildlich gesprochen – Wegweiser und Beschriftungen im Gehirn. Danach brauchen Sie sich nur noch an dieses Ordnungssystem zu halten, und Sie werden Ihre Informationen absolut sicher zu jeder beliebigen Zeit abrufen können.

Die nun folgenden Zahlensymbole sind so gewählt, dass Sie allein schon von der Form auf die jeweilige Zahl schließen können. Dadurch entfällt das mühsame Auswendiglernen der Zahlensymbole und Sie haben diese bereits nach zwei- bis dreimaligem Anwenden im Gedächtnis gespeichert.

Legen Sie nun bitte, bevor Sie weiterlesen, die CD-ROM in Ihren PC und durchlaufen Sie die dort präsentierten Übungen.

Die Zahlensymbole von 0 bis 10

Ist doch ganz einfach:

- Das Hühnerei ist rund oder eiförmig wie die 0.
- Die Kerze sieht von ihrer Form her ähnlich aus wie eine 1.
- Der Schwan sieht original aus wie die 2.
- Der Dreizack hat 3 Zacken.
- Das vierblättrige Kleeblatt hat 4 Blätter.
- Die Hand hat 5 Finger.
- Der Elefant formt mit seinem Rüssel die 6.
- Der Wimpel erinnert uns von der Form her sofort an die 7.
- Die Sanduhr sieht aus wie eine 8.
- Die Schlange kringelt sich zur 9.
- Und beim Golfschläger mit dem Ball denken wir natürlich sofort an die 10.

Wollen wir doch gleich mal sehen, wie das in der Praxis funktioniert. Nach der Arbeit mit der CD-ROM haben Sie ja schon etwas Übung und erste Erfolgserlebnisse.

Rede: Vorstellung Ihrer Person vor einem neuen Team

Wir starten wieder einfach. Nämlich mit einer Vorstellung Ihrer Person vor einem neuen Team. Die Inhalte dürften jedem bekannt sein. Aber die Reihenfolge – die will vor allem unter dem Stress oft nicht so richtig klappen. Es geht also vorwiegend darum, die einzelnen Punkte gut sortiert und durchnummeriert parat zu haben.

Sie haben sich dazu beispielsweise die unten stehenden Stichpunkte notiert, die Sie in Ihrer Vorstellung dann mit entsprechenden Beispielen und Erklärungen untermauern wollen. Da Sie sich selbst gut kennen, also voll im Thema sind, reichen Ihnen Stichworte. Dadurch haben Sie den roten Faden und sind sicher, alles Wichtige zu erzählen und nichts zu wiederholen.

Sie werden später auch Techniken kennen lernen, mit denen Sie sich Unterpunkte, Beispiele und Details zu den einzelnen Stichpunkten merken können. Dies ist ja dann wichtig, wenn es sich um Themen handelt, bei denen Sie nicht so tief drinstecken und Gefahr laufen, wichtige Details zu vergessen. Wenn Sie allerdings, wie in unserem Beispiel vorausgesetzt, voll im Thema sind, reichen Ihnen einfache Stichpunkte, da Sie vor allem die Reihenfolge festlegen und keinen Punkt vergessen wollen. Für den Anfang sollen acht Punkte erst einmal genug sein.

Hier also sind sie:

1. Ihr Name
2. Ihr Alter
3. Ihre Herkunft
4. Familienstand
5. Ihre Ausbildung
6. Ihre Hobbies
7. Lieblingsurlaubsziele
8. Sie hoffen auf eine gute Zusammenarbeit

Am Anfang dieses Kapitels steht: „Mit den Zahlensymbolen arbeiten ist einfacher, mit den Zahlensymbolen sind Sie schneller." Jetzt beweisen Sie sich dies.

Sie brauchen nun lediglich das Zahlensymbol für die Zahl Eins mit Ihrem Namen, sprich einem Bild dafür, verknüpfen. That's it!

Konkret:

1. Stellen Sie sich vor, wie Sie jede Nacht Ihren *Namen* auf Ihrem Klingelschild mit einer *Kerze* anleuchten. Ja klar, dann kann ihn auch jeder lesen. Einprägsam, weil doch ziemlich absurd, ist dies bei genauer geistiger Vorstellung allemal. Wenn Sie dieses Bild deutlich gesehen haben, auch wenn sich Ihr Verstand wehren will, wird Ihnen später – wenn Sie an die *Kerze* denken – mit an Sicherheit grenzender Wahrscheinlichkeit wieder eben dieses Bild erscheinen. Sie denken also an die *Kerze,* als Bild für die Zahl eins, für Ihr erstes Stichwort eben. Sie sehen also, wie Ihr *Name* angeleuchtet wird, und haben den ersten Stichpunkt parat.

Damit Sie jetzt nicht denken: „Dat is' mir zu viel!", machen wir am besten gleich weiter. Versuchen Sie es einfach einmal. Die komplette Vorstellung. Sie werden sehen, wie einfach und schnell es geht. Und wenn Sie erst geübt sind – gar nicht auszudenken!

2. Ihr *Alter* macht Ihnen nichts aus. Sie sind topfit. Sie würden sogar mit einem *Schwan* um die Wette schwimmen. Mein lieber Schwan! Augen zu, bildlich vorstellen, wie Sie den *Schwan* beim Wettschwimmen abhängen! Gefühl der Freude aufkommen lassen (wenn irgend möglich) und fertig ist der zweite Punkt.

3. Stellen Sie sich ein Wahrzeichen ihrer Heimat- oder Geburtsstadt *(Herkunft)* vor. Dieses verzieren Sie nun bitte möglichst originell mit dem *Dreizack.* Augen zu, Bild machen, wie das Wahrzeichen ihrer Heimat- beziehungsweise Geburtsstadt nun mit dem *Dreizack* aussieht! Entsprechendes Gefühl (Lachen oder Weinen) aufkommen lassen (wenn möglich) und fertig ist der dritte Punkt.

4. Kommt ganz drauf an. Wenn Sie sich verliebt haben *(Familienstand):* vierblättriges *Kleeblatt* her und Blätter zupfen – „sie oder er liebt mich" – „liebt mich nicht"... Wenn Sie Kinder haben *(Familienstand):* Setzen Sie ihnen einen Kranz aus vierblättrigen *Kleeblättern* auf. Wie auch immer: Augen zu, Bild machen, entsprechendes Gefühl aufkommen lassen (wenn es geht) und fertig ist der vierte Punkt.

5. Ganz klar: Während Ihrer *Ausbildung* hat Ihnen Ihr Chef oft mit der *Hand* auf die Schulter geklopft. Damit es besser haften bleibt: Manchmal war es ein etwas (zu) festes Klopfen. Augen zu, Bild machen, entsprechendes Gefühl aufkommen lassen (wenn möglich) und fertig ist auch schon der fünfte Punkt.

6. Ihre *Hobbys* praktizieren Sie natürlich nicht allein. Meistens ist Ihr Lieblings*elefant* dabei. Und wieder, weil superwichtig: Augen zu, Bild machen, entsprechendes Gefühl aufkommen lassen (versuchen Sie es, hilft ungemein) und fertig ist Punkt sechs.

7. Sie fliegen wahrscheinlich gerne in den *Urlaub:* Das Flugzeug wird extra für Sie mit *Wimpeln* geschmückt. Zusätzlich wird es diesmal vom Lotsen mit *Wimpeln* eingewiesen und geleitet. Augen zu und – Sie wissen schon.

8. Sie stellen sich *gute Zusammenarbeit* vor wie die Sandkörner in der *Sanduhr:* Alle arbeiten eben gut zusammen. Bild sehen, Feeling, fertig. Und zwar komplett.

Perfekt: Zahl – Bild – Stichwort

Kleine Pause gefällig? Okay, danach geht es zur Kontrolle. Einfach wieder die Zahlensymbole ansehen und automatisch, wie von Geisterhand, erscheint in den meisten Fällen das gerade gesehene Bild komplett. Damit hätten Sie Ihr Stichwort.

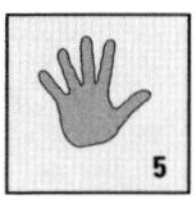

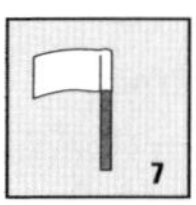

Na, wie war's? Gar nicht so schlimm, oder? Sie werden sehen, Sie machen mit dieser Technik sehr schnell Fortschritte. Nicht mehr lange, und Sie speichern sich umfangreiche Reden mit zwölf Punkten und sogar noch Details dazu ab. Damit dies perfekt klappt, wieder eine kleine Kreativitätsübung:

Verknüpfungsspiel: Fortbewegungsmittel und Berufe

Dieses Spiel funktioniert genauso wie in Kapitel 2 bei den „Spielzeugen und Tieren“ – nur, dass Sie jetzt Fortbewegungsmittel mit Berufen verknüpfen.

Ihre Kreativität kennt keine Grenzen

Fortbewegungsmittel – das sind alles Dinge, die schwimmen, rollen, fahren, fliegen. Und Berufe – eben Berufe, wie Sie sie kennen. Allerdings sollten Sie hierbei Berufe nehmen, die ein starkes optisches Signal hervorrufen, also beispielsweise Berufe mit Uniformen oder Handwerksberufe, die auch anhand der Bewegungen leicht zu erkennen sind.

Hier erst einmal ein Beispiel: Bus – Bäcker

Mögliche Verknüpfungsvarianten:

Von Bäckern und Bussen

Sie kommen in die Bäckerei und kaufen ein Busbrot. Stellen Sie sich vor, der Bäcker backt Brote, die optisch wie ein Bus aussehen – wie ein kleiner Bulli oder wie ein Doppeldecker, wie auch immer, verschiedene Busformate als Brot gebacken.

Oder aber der Bäcker backt mit dem Bus. Er öffnet etwa den Tankstutzen, packt alle Zutaten in den Tank rein, Deckel zu, er lässt den Motor laufen, nach einer Viertelstunde ist im Motor alles schön durchgewalkt und hinten aus dem Auspuff kommen die fertigen, noch warmen Baguettebrötchen raus.

Auf genau diese Art und Weise verbildern Sie jetzt doch einmal selbstständig die nächsten zwölf Begriffspaare und testen sich dann wieder. Sie haben auch hier die Möglichkeit, sich nach dem Test noch einmal meine Verknüpfungsvorschläge anzuschauen.

Das Wichtigste immer wieder: „Bilder denken, Bilder denken, Bilder denken“. Stellen Sie sich alles in Bildern vor. Sehen Sie Ihre Filmchen ablaufen und fühlen Sie sich in das vorgestellte Geschehen ein. Lassen Sie Ihre Gefühle zu.

Reaktivieren Sie das Bilderdenken

Machen Sie die Bilder so echt wie nur möglich. Wenn Sie der Meinung sind, dass das bei Ihnen einfach noch nicht so funktioniert: immer locker bleiben. Ihr Gehirn muss immerhin eine sehr alte Methode ausgraben. Dieses Bilderdenken haben Sie ja, seit Sie sieben oder acht Jahre alt waren, nicht mehr benutzt!

Also einfach die Übungen weitermachen, nicht zu viele auf einmal. Überfordern Sie sich nicht. Optimal sind, wenn Sie noch Probleme haben, ca. 20 bis 30 Minuten am Tag. Und dann machen Sie es genau so, wie es hier beschrieben steht. Dies ist, erwiesenermaßen, die einfachste und schnellste Methode zur Schulung Ihres Gedächtnisses.

Die „Geisselhart-Methode“ wurde in über 2.000 Seminaren und Vorträgen von rund 200.000 Teilnehmern (Stand: Sommer 2003) immer wieder verbessert und anwendungsspezifisch ausgerichtet. Es ist außerdem wissenschaftlich erwiesen: „Bilderdenken“ heißt das Zauberwort.

Also ran an den Speck:

Zug – Gärtner

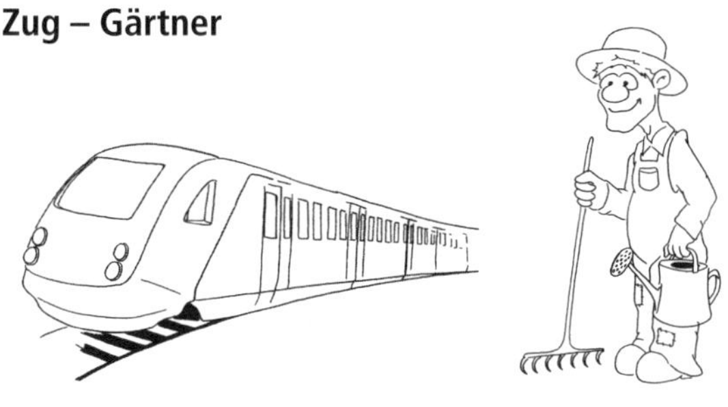

Auto	–	Taucher
Fahrrad	–	Lehrerin
Ruderboot	–	Maler
Zeppelin	–	Schornsteinfeger
Draisine	–	Polizistin
Skateboard	–	Boxer
Flugzeug	–	Maurer
Motorrad	–	Kellnerin
Dreirad	–	Ärztin
Liane	–	Feuerwehrmann
Rakete	–	Koch

Nun checken Sie bitte wieder die Qualität Ihrer Verknüpfungen. Sehen Sie sich den vorgegebenen Begriff an, stellen Sie ihn sich im Kopf-Kino vor. Dann müssten Sie das verknüpfte Bild sehen können. Dies schreiben Sie bitte in die vorgesehene Zeile. Wenn Sie damit durch sind, vergleichen Sie Ihre erinnerten Begriffe mit denen auf der vorigen Seite. Viel Erfolg und Begeisterung dabei!

Zug	–	____________________
Auto	–	____________________
Fahrrad	–	____________________

Ruderboot – ____________________

Zeppelin – ____________________

Draisine – ____________________

Skateboard – ____________________

Flugzeug – ____________________

Motorrad – ____________________

Dreirad – ____________________

Liane – ____________________

Rakete – ____________________

Zug – Gärtner

Hier könnten Sie sich vorstellen, wie Sie einen Zug betreten. In diesem Zug befindet sich zu Ihrem Erstaunen ein schön gepflegter Rasen mit Beeten daneben, die ein Gärtner angelegt hat. Vielleicht ist der Gärtner sogar noch zugange und legt gerade ein paar neue Beete an. Außerdem blühen schöne Blumen im ganzen Zug.

Auto – Taucher

Mir gefällt hier am besten die Vorstellung, der Taucher taucht direkt mit dem ganzen Auto. Er setzt sich also mit Sauerstoffflasche und Taucheranzug ans Steuer, fährt in den See und geht als Autofahrer auf Tauchgang.

Fahrrad – Lehrerin

Hier stellen Sie sich bitte vor, wie die Lehrerin mit dem Fahrrad im Unterrichtsraum herumfährt und die Schüler ständig den Kopf verrenken müssen, um der Lehrerin folgen zu können. Die Lehrerin kann nicht stillsitzen oder -stehen, sie fährt mit dem Fahrrad in der Schulklasse umher.

Ruderboot – Maler

Stellen Sie sich hier bitte vor, wie der Maler ein altes Ruderboot anstreicht, das in neuem Glanz erstrahlt und danach aussieht wie neu. Oder aber der Maler schüttet all seine Farben in das Ruderboot und benützt es als überdimensional großen Farbeimer.

Zeppelin – Schornsteinfeger

Stellen Sie sich vor, wie der Schornsteinfeger mit dem Zeppelin hochfliegt, um diesen ganz, ganz hohen Schornstein fegen zu können. Dann lässt er von oben seinen Besen in diesen riesengroßen Schornstein hinab, während er mit dem Zeppelin darüber schwebt und seine Arbeit verrichtet.

Draisine – Polizistin

Sehen Sie, wie die Polizistin oder gleich mehrere Polizisten auf einer Draisine Gangster jagen, die über die Gleise abhauen wollen. Die Polizistin fährt mit der Draisine hinterher und holt die Verbrecher tatsächlich ein.

Skateboard – Boxer

Auch wieder ein sehr schönes Bild: Stellen Sie sich einen bekannten Boxer vor, vielleicht Sven Ottke oder Henry Maske. Stellen Sie sich vor, wie ein Boxer auf dem Skateboard im Ring herumfährt und immer mal wieder zum Schlag ausholt.

Er trifft seinen Gegner auch, nur er selbst ist mit dem Skateboard so schnell und gewandt, dass ihn der Gegner niemals erwischt.

Flugzeug – Maurer
Sehen Sie vor Ihrem geistigen Auge einfach ein gemauertes Flugzeug! Stellen Sie sich vor, ein Maurer mauert ein Flugzeug. Wenn dieses Flugzeug dann gut verputzt ist, fliegt es vielleicht sogar.

Motorrad – Kellnerin
Stellen Sie sich vor, wie Sie in einer Gartenkneipe in der Sonne sitzen. Plötzlich hören Sie von hinten ein lautes Motorengeräusch, die Kellnerin kommt mit dem Tablett in der Hand auf dem Motorrad angefahren und stellt Ihnen Ihr Getränk auf den Tisch.

Dreirad – Ärztin
Bei diesem Begriffspaar stellen Sie sich bitte vor, wie Sie im Wartezimmer einer Arztpraxis sitzen und völlig unverhofft fährt eine weiß gekleidete Ärztin auf einem Dreirad herein. Sie ruft Ihren Namen auf und bittet Sie auf dem Sozius des Dreirads Platz zu nehmen. Sie steigen auf und fahren zusammen mit der Ärztin in das Behandlungszimmer.

Rakete – Koch
Der beste Koch der Welt arbeitet für Sie, allerdings hat er wenig Zeit. Sobald er Ihr Gericht fertig gekocht hat, muss er schnell zum nächsten Einsatz. Er schwingt sich deshalb in seine Rakete, startet durch und fliegt in das nächste Restaurant, wo er sofort wieder ein besonders gutes Mahl zubereiten muss. So gefragt ist Ihr Koch!

Liane – Feuerwehrmann
Bei einem Dschungelbrand werden alle verfügbaren Feuerwehrmänner gerufen. Natürlich gibt es im Dschungel keine

Feuerwehrautos – wo sollten die auch fahren? Die Feuerwehrleute hangeln sich an Lianen von Baum zu Baum, um möglichst schnell zum Brandherd vorzudringen. Also stellen Sie sich vor, wie ein Feuerwehrmann sich an einer Liane von Baum zu Baum schwingt. Vielleicht ist er auch so schnell, dass die Liane anfängt zu brennen …

Haben Sie bei den Verknüpfungen wieder daran gedacht, sich diese so gut wie möglich vor Ihrem inneren, geistigen Auge – also in Ihrem Kopf-Kino – vorzustellen? Sie sollten die ganze Szene so realistisch und echt wie möglich erleben und dabei auch Gefühle zulassen.

Bilder und Gefühle – zusammen unschlagbar

Manche Verknüpfungen sind so absurd, dass Sie wahrscheinlich lauthals loslachen mussten. Tun Sie das! Denn dieses Lachen verstärkt den Erinnerungsprozess. Lassen Sie also den Gefühlen freien Lauf.

Zahlen, Daten, Fakten merken

Für alle Perfektionisten unter den Leserinnen und Lesern: Hier kommt die beste Methode, sich Zahlen zu merken. Stellen Sie sich vor, in Ihrer Rede tauchen jetzt auch noch Zahlen und Daten auf. Auch das kommt öfters vor. Doch immer locker bleiben:

Absurde Ketten knüpfen trainiert Ihr Zahlengedächtnis

Kreieren Sie einfach eine lustige, absurde Geschichte aus den Zahlensymbolen und schon ist die betreffende Zahl gespeichert. Es ist also im Prinzip nichts weiter als die Verknüpfungen, die wir mit den Tieren und Spielzeugen gemacht haben. Allerdings sind es hier meist drei bis acht Verknüpfungen, da es sich auch meist um vier- bis neunstellige Zahlen handelt. Also verknüpfen Sie wie der Teufel, so wie Sie es mit der Kettenmethode und beim Verknüpfungsspiel gelernt haben.

Mut zur Fantasie lohnt sich

Nehmen wir beispielsweise die Artikel-Nummer: 9 5 0 9 0.

Sie sehen den bestimmten Artikel im Geiste. Es kriecht eine *Schlange* (Symbol für die Neun) auf ihn zu. Auf einmal packt der Artikel mutig die Schlange mit der *Hand* (Symbol für die Fünf). Nun drückt er zu, bis sie ein *Ei* (Symbol für die Null) legt. Dieses platzt auf, heraus kommt eine neue *Schlange* (Neun), die, als sie den gefährlichen Artikel sieht, das *Ei* (Null) gleich freiwillig legt.

Angenommen eine Kundennummer wäre die 2 8 5 3.
Vielleicht ist die entsprechende Kundin dazu eine Bank. Der Film dazu könnte so aussehen: Sie stehen im Schalterraum dieser Bank. Plötzlich geht die Tür auf und ein *Schwan* (Zwei) kommt herein. Er hebt seinen Flügel und holt eine *Sanduhr* (Acht) darunter hervor. Die stellt er Ihnen auf die *Hand* (Fünf). Doch Sie wehren sich sofort mit dem *Dreizack* (Drei).

So eine skurrile Geschichte vergessen Sie bestimmt nicht wieder. Jedes Mal, wenn Sie an diese Bank denken, fällt Ihnen das Filmchen wieder ein und Sie haben sofort die Kundennummer parat.

Die Zahlensymbole von 11 bis 20

Einen ganzen Tag lang frei reden

In den allermeisten Fällen genügen die Symbole bis zur Zahl Zehn vollkommen. Falls Sie jedoch einmal eine wirklich umfangreiche Rede halten wollen, so ist dies mit den Symbolen bis zur Zahl 20 möglich. Stellen Sie sich doch einmal vor, wie lange Sie sprechen können, wenn Sie 20 Stichpunkte zur Verfügung haben. Wenn Sie nun sogar noch Unterpunkte dazupacken, können Sie mit dieser Menge einen ganzen Tag lang reden.

Tipps für Trainer

Hier seien vor allem meine Trainer- und Seminarleiter-Kollegen angesprochen. Ob selbstständig oder angestellter firmeninterner Trainer – für uns ist es notwendig, eine riesige Menge an Informationen parat zu haben. Bei unseren Standardseminaren haben wir ja Routine. Da kann man uns nachts um zwei Uhr wecken und wir spulen unseren Seminarinhalt runter.

Wenn aber ein Kunde ein speziell auf seine Bedürfnisse, auf die Anforderungen seiner Mitarbeiter und seines Geschäftes abgestimmtes Training ordert, und das ist ja bekanntlich die effektivste Art der Aus- und Weiterbildung, so erfordert dies eine Neukonzeption. Die Inhalte aus dem Standardprogramm müssen dann abgestimmt und mit entsprechenden Beispielen versehen werden. In vielen Fällen ändert sich auch der Ablauf. Durch die Praxis-Übertragung auf den jeweiligen

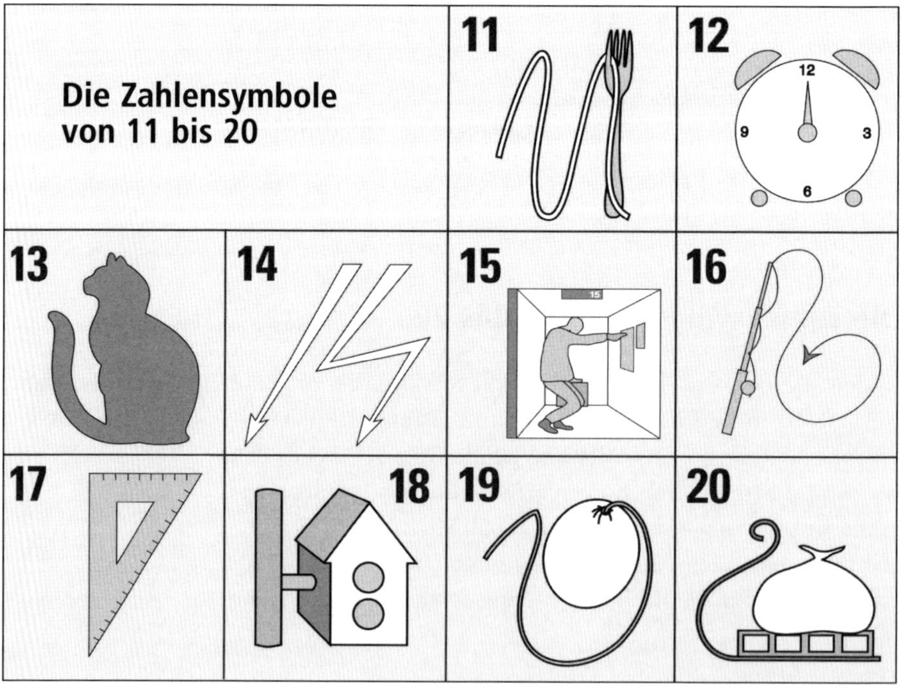

Auftraggeber sowie die entsprechende Schwerpunktsetzung entsteht ein neues Seminar.

Kein Problem: Mit der „Geisselhart-Methode“ ist das ja zum Glück einfach und schnell verinnerlicht. Und zwar so, dass der Trainer nicht mit der Folien-Kino-Technik arbeiten muss, also den jeweils nächsten Punkt, Fall oder die nächste Übung von seinen eigenen Folien ablesen muss. Nein! Mit den Zahlensymbolen bis zur Zahl 20 ist es möglich, die Inhalte eines ganzen Seminars abzuspeichern.

- Die Spaghetti sehen, so wie sie da über der Gabel hängen, aus wie die 11.
- Beide Zeiger des Weckers stehen auf der 12.
- Der Schwanz der Katze bildet die 1 und der Umriss des Körpers die 3, ergibt 13. Außerdem soll ja angeblich eine schwarze Katze Unglück bringen. Genauso wie die 13.
- Gerader Blitz für die 1, gezackter für die 4, ergibt 14.
- Der Aufzug hält im 15ten Stock. Außerdem symbolisiert die linke Wand die 1 und die Person im Lift sieht aus wie eine 5.
- Die Angelrute ist die 1, der Haken die 6.
- Die gerade Seite des Dreiecklineals ist die 1, die andere die 7.
- Der Baum ist die 1, die beiden Löcher im Vogelhäuschen (Ein- und Ausgang) stehen für die 8.
- Die Schnur des Luftballons sieht von der Form her aus wie eine 1, sie geht dann zusammen mit dem Ballon über in die 9.
- Die 20 ist kein Schwan mit Rucksack, obwohl dies immer wieder einige Seminarteilnehmer denken, sondern ein Schlitten (für die 2) mit dem Weihnachtsmann und vielen Geschenken (für die 0) darauf.

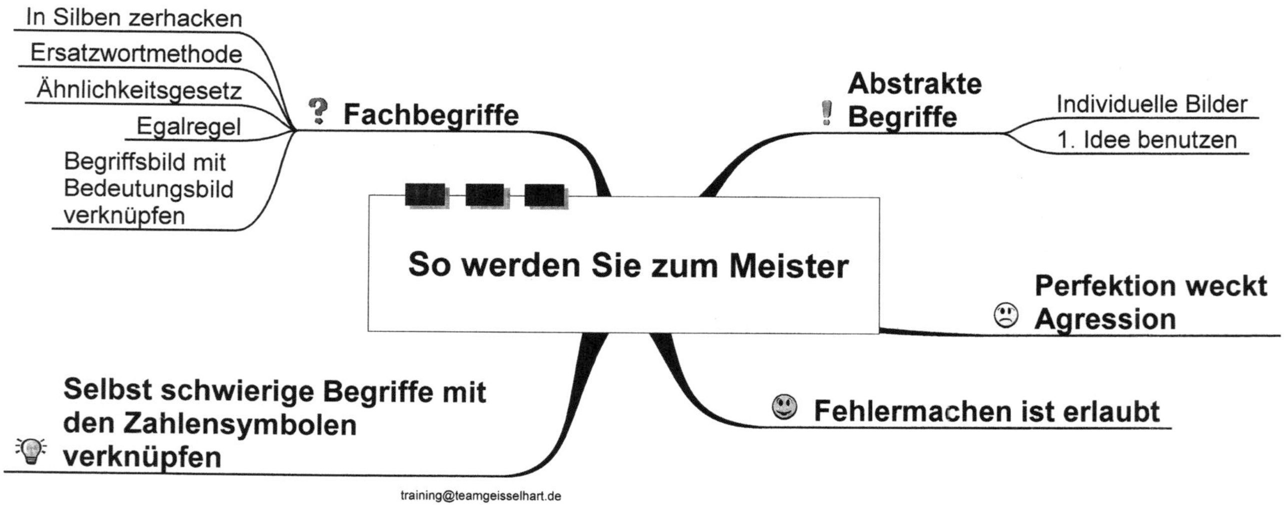
So werden Sie zum Meister
Fachbegriffe
In Silben zerhacken
Ersatzwortmethode
Ähnlichkeitsgesetz
Egalregel
Begriffsbild mit Bedeutungsbild verknüpfen
Abstrakte Begriffe
Individuelle Bilder
1. Idee benutzen
Perfektion weckt Agression
Fehlermachen ist erlaubt
Selbst schwierige Begriffe mit den Zahlensymbolen verknüpfen
training@teamgeisselhart.de

4. So werden Sie zum Meister

Sprechen Sie Ihre Zuhörer mit Namen an

Bei anspruchsvollen Reden müssen Sie sich viele abstrakte Begriffe, Fachausdrücke, Fremdwörter, Namen, Zahlen, Daten und Fakten merken. Des Weiteren ist es bei vielen Anlässen von Vorteil, wenn Sie zumindest die wichtigsten Ihrer Zuhörer mit Namen ansprechen können. Sie können Ihre Zuhörer mit einbeziehen, diesen Fragen stellen und Anregungen oder Wünsche abfragen. Die Atmosphäre wird wesentlich verbindlicher und persönlicher, wenn Sie die beteiligten Personen mit ihren Namen ansprechen.

Jetzt geht es also darum, Begriffe zu verbildern, die als solche erst einmal keine Bilder bezeichnen. Dies begegnete uns beim Einstiegstest am Anfang des Buches ja schon mit Begriffen wie: Motivation, Philosophie, Intuition oder Kreativität. Versuchen Sie jetzt, auch in dieser Disziplin ein Meister zu werden!

Während es für gegenständliche Begriffe wie Tisch, Flasche oder Auto konkrete Bilder gibt, welche für nahezu alle Menschen ähnlich aussehen, ist dies nun nicht mehr der Fall. Die Bilder, die Sie sich bei abstrakten Begriffen vorstellen, sind sehr individuell und meistens von Mensch zu Mensch sehr unterschiedlich. So verbildern meine Seminarteilnehmer den abstrakten Begriff „Lärm“ beispielsweise mit: Presslufthammer, Straßenverkehr, jemand, der sich die Ohren zuhält, Fluglärm, Ohrstöpsel bis hin zu Hundegebell und Kindergeschrei (auch wenn sich dies andere tier- bzw. kinderliebe Seminarteilnehmer nicht vorstellen können).

Abstrakte Begriffe müssen Sie individuell verbildern

Dies zeigt deutlich, dass die Bilder sehr individuell sind. Was für den einen eindeutig Lärm bedeutet, muss für einen anderen keinesfalls die gleiche Assoziation ergeben. Das Wichtigste hierbei ist, dass Sie die erste spontane Eingebung, das erste spontane Bild benützen, das sich in Ihrem Gehirn auftut. Nur dann haben Sie die nötige Sicherheit, auch nach einiger Zeit wieder über dieses Bild auf den gewünschten Begriff zu kommen. Deshalb denken Sie nicht nach, sondern lassen Sie Bilder spontan entstehen. Es gibt hierbei kein „Richtig“ und kein „Falsch“, sondern eben immer nur Ihr ganz persönliches Bild.

Lesen Sie sich nun bitte die folgenden Begriffe einen nach dem anderen durch und machen Sie sich Ihr Bild. Hören Sie in sich hinein. Was taucht auf, was sehen Sie? Und bitte denken Sie daran: Es muss ein Bild sein. Nicht ein anderes Wort für den zu verbildernden Begriff.

Sie brauchen kein Glück, Sie haben gut geübt!

Das Bild zum Glück

Viele Seminarteilnehmer sagen spontan, ihr persönliches Bild für den Begriff „Glück“ sei „Zufriedenheit“. Doch was ist dies für ein Bild? Zufriedenheit ist nur ein weiterer abstrakter Begriff und eben kein Bild. Ein Beispiel-Bild für Glück wäre „Hans im Glück“ mit der goldenen Kugel oder vielleicht ein Glückspfennig oder ein vierblättriges Kleeblatt. Es sind also echte, konkrete Bilder gesucht.

Abstrakte Begriffe behalten

Nachdem Sie bei den folgenden Punkten Bilder gefunden haben, können Sie sofort das jeweilige Zahlensymbol mit dem Bild verknüpfen. Dadurch werden auch diese abstrakten Begriffe selektiv abrufbar. Ein Beispiel vorweg: Wenn Sie sich das abstrakte Wort *Glück* an 16ter Stelle merken sollten, so wäre Ihr Bild für *Glück*, wie oben, Hans im *Glück*. Das Zahlensymbol für *16* ist die *Angel*. Also ist doch ganz klar: Hans im *Glück angelt* sich seine goldene Kugel aus dem Brunnen. Wenn Sie nun an die Zahl *16* denken und sich fragen, was Sie sich dort abgespeichert haben, fällt Ihnen sicher wieder *Glück* ein. Genau so machen Sie es bitte selbstständig für die unten stehenden Punkte. Viel Erfolg und kreative Einfälle!

1. Würde

Mein Bild ____________________

Verknüpfung ____________________

2. Persönlichkeit

Mein Bild ____________________

Verknüpfung ____________________

3. Glauben

Mein Bild ____________________

Verknüpfung ____________________

4. Freiheit

Mein Bild ____________________

Verknüpfung ____________________

5. Schutz

Mein Bild ______________________________

Verknüpfung ______________________________

6. Individualität

Mein Bild ______________________________

Verknüpfung ______________________________

7. Geheimnis

Mein Bild ______________________________

Verknüpfung ______________________________

8. Psyche

Mein Bild ______________________________

Verknüpfung ______________________________

9. Leichtigkeit

Mein Bild ______________________________

Verknüpfung ______________________________

10. Toleranz

Mein Bild ______________________________

Verknüpfung ______________________________

Wenn Sie nicht zu jedem Begriff ein Bild gefunden haben, ist das in Ordnung. Sie üben ja noch. Auch wenn Sie später nach vielen Übungen nicht zu jedem Begriff ein Bild finden, ist dies okay. Denken Sie immer wieder an einen meiner Lieblingsmerksätze: „Perfektion erzeugt oft Aggression!"

Wir sind alle nur Menschen. Menschen machen Fehler. Menschen lernen aus Fehlern. Nur die Schule macht hier, meiner Meinung nach, etwas falsch: In der Schule werden Fehler rot angestrichen. Die Schüler bekommen Tadel für Fehler, anstatt für das, was sie richtig machen, gelobt zu werden. So wird uns schon von klein auf eine große Angst vor Fehlern eingebläut.

Ein Kind, das noch nicht zur Schule geht, freut sich, wenn es einen oft gemachten Fehler bei einem Spiel entdeckt. Wir Erwachsenen beschimpfen uns dann oft heftig mit Formulierungen wie: „Was bin ich doof" oder „So blöd kann auch nur ich sein". Dabei sollten wir uns freuen. Schließlich sind wir in dem Moment, in dem wir den Fehler entdecken, doch schon schlauer als vorher. Vielleicht *waren* wir ja doof. Tatsache ist allerdings, dass wir es *jetzt* nicht mehr sind, sonst wäre uns der Fehler ja gar nicht erst aufgefallen!

Freuen Sie sich über das, was klappt, anstatt sich über das aufzuregen, was (noch) nicht klappt

Also: Mut zur Fehlerfreudigkeit. Dies aber bitte nicht verwechseln mit Fehlerhäufigkeit. Ein schöner Spruch von meinem Trainerkollegen Klaus Kobjoll.

Nun testen Sie erst einmal wieder, wie viel Sie behalten haben:

1. ______________________________
2. ______________________________
3. ______________________________
4. ______________________________
5. ______________________________
6. ______________________________
7. ______________________________

8. ______________________________

9. ______________________________

10. ______________________________

Bevor wir mit dem wirklich harten Stoff starten, noch eine kleine Kreativitätsübung zur Einstimmung. Das Spiel kennen Sie ja bereits.

Verknüpfungsspiel: Länder/Kontinente und Werkzeuge

Bei diesem Verknüpfungsspiel greifen wir zu einem kleinen Trick. Es ist relativ schwierig, sich ein Bild für Länder vorzustellen. Deswegen benutzen wir Symbole für die Länder. Woran müssen Sie beispielsweise denken, wenn Sie „Portugal" hören? Vielleicht an Portwein. Dann wäre das Bild für das Land Portugal Portwein und Sie würden den Portwein mit dem dazugehörigen Werkzeug verknüpfen.

Wie das Ganze genau funktioniert, sehen Sie an unserem ersten Beispiel: Frankreich – Säge.

Das Symbol für Frankreich könnte der Eiffelturm sein oder eine Baguettestange. Und nun verknüpfen Sie entweder den Eiffelturm oder das Baguette mit der Säge. Also: Den Eiffelturm absägen bzw. Baguette mit der Säge schneiden.

Nun sind aber Sie wieder am Zug. Achten Sie bei den Szenen im Kopf wieder darauf, dass Sie sie so detailgetreu wie nur möglich sehen können, dass Sie Gefühle dazu entwickeln. Vielleicht waren Sie schon einmal in Frankreich. Dann nutzen Sie die Bilder, die Sie davon noch im Kopf haben.

Oder Sie lassen die Szenerie in Ihrer Umgebung passieren. Baguette könnte ja bei Ihnen zu Hause am Frühstückstisch geschnitten werden. Nun stellen Sie sich doch hier einfach einmal vor, wie Ihr(e) Partner(in) eine große Säge aus dem Schrank holt und damit das Baguette schneidet. Wie würden Sie reagieren? Was würden Sie denken? Ich denke mal, Sie würden Augen machen und diese Szene so schnell nicht wieder vergessen.

Und so verfahren Sie bitte auch mit den restlichen zwölf Verknüpfungen. Weiter hinten finden Sie wieder die von mir vorgegebenen Verknüpfungsbeispiele.

Schweiz	–	Schere
Mexiko	–	Pinsel
Türkei	–	Hammer
Amerika	–	Besen
Afrika	–	Zange
Holland	–	Bohrer
Spanien	–	Staubsauger
Ägypten	–	Heckenschere
Russland	–	Amboss
Italien	–	Schraubendreher
China	–	Drahtbürste
Australien	–	Wasserschlauch

So, nach einem kleinen Päuschen umblättern und dann: testen! Viel Erfolg.

Schweiz	–	______________________
Mexiko	–	______________________
Türkei	–	______________________
Amerika	–	______________________
Afrika	–	______________________
Holland	–	______________________
Spanien	–	______________________
Ägypten	–	______________________
Russland	–	______________________
Italien	–	______________________
China	–	______________________
Australien	–	______________________

Das war schon harte Kost, oder? Wie lief s? Im Prinzip ist es völlig egal, wie Sie bei den Spielen abschneiden. Wichtig ist für Sie doch, wie es in der Praxis, also bei Ihrer nächsten Rede, läuft. Wenn Sie also bei den Verknüpfungsspielen gut abschneiden, schön. Wenn nicht, auch in Ordnung. Ist doch nur Training. Und außerdem können Sie hier ja auch noch einmal meine Verknüpfungsvorschläge beäugen.

Schweiz – Schere

Ihr Symbol für die Schweiz könnten zum Beispiel Geldscheine sein, oder eventuell Schweizer Messer. Dann stellen Sie sich bitte vor, wie Sie die Schweizer Geldscheine mit einer Schere durchschneiden, aua! Oder Sie nehmen ein Schweizer Taschenmesser, welches eine große Schere besitzt. Übertreiben Sie die Schere in Größe und Aussehen, sodass es absurd wirkt.

Mexiko – Pinsel
Das Symbol für Mexiko könnte beispielsweise ein Sombrero sein oder – für die Durstigen unter Ihnen – leckerer Tequila. Nehmen Sie eins von beiden und malen Sie entweder den Sombrero mit einem großen Pinsel schön farbig bunt an oder wischen Sie das Tequila-Glas mit dem Pinsel aus, damit ja kein Tröpfchen verloren geht.

Türkei – Hammer
Das Symbol für die Türkei könnte eine Moschee sein oder aber ein Fez (diese rote Filzkappe). Entweder verzieren wir also mit gehämmerten (Hammer) Goldplatten die Moschee oder aber wir klopfen die Spitze vom Fez mit dem Hammer platt.

Amerika – Besen
Für Amerika stellen Sie sich vielleicht einen Hamburger, einen Cowboyhut, die Freiheitsstatue vor. Dann fegen Sie den Hamburger mit dem Besen zusammen oder legen einen Besen statt des Fleisches in den Hamburger. Genauso gut könnte auch die Freiheitsstatue die ganze USA sauber fegen. Bestimmt ein Bild, das durch die Medien gehen würde!

Afrika – Zange
Vielleicht stellen Sie sich hier einen afrikanischen Krieger vor, der statt mit dem Speer mit einer großen Zange auf die Jagd geht. Seine Beute zieht er mit der Zange hinter sich her.

Holland – Bohrer
Eindeutiges Bild für Holland: Käse. Wir bohren gleich die Löcher in den Käse. Na klar, mit dem Bohrer.

Spanien – Staubsauger
Damit der Stierkampf in Spanien ein Ende hat und damit die Tierquälerei aufhört, saugen wir alle Toreros mit dem Staubsauger auf.

Ägypten – Heckenschere

Hier könnten Sie sich vorstellen, wie große Hecken um die Pyramiden angepflanzt werden und die Ägypter diese nun mit Heckenscheren kunstvoll in Form schneiden.

Russland – Amboss

Vielleicht denken Sie hier sofort an Wodka. Dann stellen Sie sich doch bitte vor, wie Sie den Wodka über den mittlerweile glühenden Amboss gießen, sodass dieser etwas abgekühlt wird. Hören Sie das Zischen? Oder fängt bei Ihnen der Wodka sogar Feuer? Dann hätten wir einen flambierten Amboss.

Italien – Schraubendreher

Pizza, Pasta und Rotwein sind ein paar Symbole für Italien. Vielleicht haben Sie selbst schon einmal eine Weinflasche mit dem Schraubendreher geöffnet? Es sieht auch ziemlich „merk-würdig“ aus, wenn jemand seine Spaghetti mit dem Schraubendreher isst.

China – Drahtbürste

Können Sie sich vorstellen, wie ein Chinese seine Haare mit der Drahtbürste bürstet? Diese waren zu lange zum Zopf gebunden und sind anders nicht mehr zu kämmen.

Australien – Wasserschlauch

Stellen Sie sich bitte einen Aborigine vor, der Didgeridoo spielt auf einem Stück Wasserschlauch. Wenn Sie in Australien diese Szene tatsächlich erleben würden, wäre dies für Sie bestimmt auch „merk-würdig“.

Fachbegriffe und Fremdwörter behalten

Im nächsten Schritt werden Sie sehen: Mit der „Geisselhart-Methode“ ist es möglich, selbst schwierigste Fachbegriffe, Vokabeln, Fremdwörter oder Namen zu verbildern.

In Ihrem Fachgebiet verbildern Sie die Begriffe wie gehabt

Wenn Sie über Ihr Fachgebiet reden, wissen Sie ja, was Sie sagen. Es ist somit nicht nötig, die entsprechenden Fachbegriffe mit der nachfolgenden Technik zu verbildern. Es genügt schon, wenn Sie sich den jeweiligen Begriff als Bild vorstellen. Da Sie ja der Spezialist sind, wissen Sie natürlich auch den Fachbegriff für das vorgestellte Bild. Sie gehen also genauso vor wie bei den abstrakten Begriffen oben. Sie suchen sich ein Bild, das für Sie persönlich für den entsprechenden Fachbegriff steht, und verknüpfen es entweder mit dem nächsten Stichpunkt (Kettenmethode) oder mit einem Zahlensymbol.

Sollten Sie aber, was ja vorkommt, entweder eine Rede zu einem Thema halten, das Sie gar nicht kennen, oder etwas Neues präsentieren, ist die nachfolgende Technik für Sie von unschätzbarem Wert. Sicher kennen Sie irgendeinen Kollegen, dem es schon mal passiert ist, dass er einen bestimmten Ausdruck verwenden wollte, den er neu gelernt hatte. Das Dumme war nur, dass er im Moment nicht draufkam. Egal was er versuchte, der Fachausdruck fiel ihm nicht ein. Diesem Kollegen können Sie nach den folgenden Übungen unter die Arme greifen.

Vokabeln pfeilschnell lernen mit der Ersatzwortmethode

Wir benutzen hierfür die „Ersatzwortmethode“. Mit dieser Methode lernen durchschnittlich geübte Seminarteilnehmer zwischen 50 und 100 Vokabeln einer komplett neuen Sprache in einer Stunde. Sie glauben das nicht? Es ist tatsächlich möglich. Sie können sich dies selbst beweisen. Sie müssen nur etwas üben. Sehr gut Geübte schaffen übrigens bis zu 200 Vokabeln pro Stunde. Bringen Sie die Technik also Ihren

Kindern bei. Sie werden dadurch in der Schule unglaubliche Vorteile haben.

Wir suchen bei der Ersatzwortmethode also nach Wörtern und Begriffen, mit denen wir das zu verbildernde Fremdwort ersetzen können. Dies sollten ähnlich klingende Worte sein, die leicht zu verbildern sind oder am besten bereits von sich aus ein Bild ergeben. Wir achten bitte hierbei nur auf die Aussprache und nicht auf die Schreibweise des Fremdwortes. Bei Reden müssen Sie ja nichts schreiben und deshalb können wir uns diesen Teil hier sparen. Möglich ist es aber auch, die Schreibweise einzubeziehen. Weil Beispiele immer am anschaulichsten sind, starten wir gleich durch:

Lassen Sie uns mit einer Lateinvokabel beginnen, die wirklich sehr schön zu verbildern ist.

Achten Sie nur auf die Lautsprache

Cubare

Das Ersatzwort oder die Ersatzwörter könnten sein: Cuba (die Insel), Kuh (hört sich ja gleich an wie „cu"bare), Bar oder bar (also die Cocktail-Bar oder bar bezahlen), Bahre (hört sich auch gleich an wie cu„bare"), Reh (hört sich an wie cuba„re") usw. Wir achten wie gesagt nur auf die Lautsprache und nicht auf die Schreibweise. Mir persönlich gefallen die Ersatzworte „Kuh" und „Bahre" am besten.

Um nun die deutsche Bedeutung von *cubare* abzuspeichern brauchen wir dies nur mit in das Bild aus *Kuh* und *Bahre* zu packen und wir haben es auf einfache und geniale Art und

Weise verknüpft. Die deutsche Bedeutung für cubare ist *liegen, schlafen*. Also stellen wir uns vor, wie die *Kuh auf der Bahre liegt* und *schläft*.

Dieses Bild deutlich vor Ihrem inneren Auge gesehen, bewirkt, dass sich diese Vokabel in Ihre Erinnerung einprägt. Sie lernen mit dieser Methode wesentlich effektiver als mit dem herkömmlichen Auswendiglernen. Vielleicht denken Sie nun, dies sei für Sie viel zu umständlich.

Ihr Gedächtnis soll laufen, nicht krabbeln

Denken Sie einmal an die Zeit zurück, als Sie laufen gelernt haben. Sie konnten gut krabbeln und kamen auch fast überall mit dieser Technik hin. Die ersten Schritte waren sehr wacklig, unsicher und langsam. Krabbeln war eindeutig stabiler, sicherer und schneller. Als Sie aber richtig laufen konnten, war es umgekehrt. Heute laufen oder gehen Sie hoffentlich und krabbeln nicht mehr.

Wenn wir eine neue Technik erlernen, müssen wir oft erst einmal einen Schritt zurückgehen, um dann zwei nach vorne gehen zu können. Wenn Sie also in der Ersatzwortmethode geübt sind, werden Sie wesentlich schneller und sicherer damit lernen als mit Ihrer jetzigen Lerntechnik. Denken Sie an die oben erwähnten Zahlen.

Das Ähnlichkeitsgesetz und die Egal-Regel

Außerdem arbeitet unser Gehirn nach dem Ähnlichkeitsgesetz. Dieses sorgt dafür, dass wir ständig nach Ähnlichkeiten suchen. Wir merken dies meist nicht, aber unser Hirn vergleicht andauernd die neu eingehenden Informationen mit bereits vorhandenen. Vielleicht ist es Ihnen ab und zu schon mal aufgefallen.

Unbewusst suchen wir ständig nach Ähnlichkeiten

Dies beginnt bei banalen Dingen, zum Beispiel: Sie schauen in die Wolken und finden, dass diese aussehen wie der Weihnachtsmann auf einem Motorrad. Oder Sie erkennen Ähnlichkeiten bei bestimmten Häusern, Autos, Gemälden, Begriffen und natürlich auch bei Personen und Namen. Dabei ergänzt und komplettiert unser Gehirn selbstständig. Unsere Kommandozentrale macht dies selbstständig, ohne uns zu fragen. Oder vergleichen Sie in diesen Fällen bewusst und suchen nach Ähnlichkeiten? Ich tippe, Ihre Antwort lautet: „Nein".

Dank des Ähnlichkeitsgesetzes ist es nun gar nicht so wichtig, ein absolut passendes Bild oder Ersatzwort zu finden. Es reicht vollkommen, wenn es ähnlich ist, ein *bisschen* ähnlich genügt schon.

Mein Onkel Roland R. Geisselhart hat deshalb die „Egal-Regel" kreiert. Diese besagt, dass es fast egal ist, welches Ersatzwort, welches Bild Sie nehmen. Hauptsache ist, es ist etwas Ähnlichkeit vorhanden und Sie sehen das Ersatzwort als Bild.

Ein Bild wird immer besser abgespeichert, immer. Nach dem Ähnlichkeitsgesetz sucht unser Gehirn nun selbstständig den Begriff, der dem Bild des Ersatzwortes ähnlich ist. Und voilà: Sie haben Ihren gesuchten Begriff parat.

Bei uns geht es aber mehr um Fachbegriffe als um Vokabeln wie „cubare". Da Sie ja nun die Grundtechnik am Beispiel „cubare" erkannt haben, üben wir mit Fachbegriffen weiter.

Fachbegriffe „verbildern"

Begriffe in Silben zerlegen und verbildern

Es geht nicht darum, zu wissen, was das Wort bedeutet. Es geht auch nicht darum, sich diese Bedeutung vorstellen zu können. Sie sollen eben wie beim Beispiel cubare die Begriffe verbildern und, wenn nötig, diese in Silben zerlegen. So wie wir das bei cubare auch durchgeführt haben.

Und bleiben Sie – wie mittlerweile ja schon gewöhnt – locker, auch wenn's mal nicht so klappen will. Falls Sie einen Fachbegriff nicht verbildern können, schauen Sie sich meine Vorschläge im Anschluss an. Also los!

Bitte suchen Sie Ersatzwörter nach obigem Schema für die folgenden Begriffe. Denken Sie daran, dass Sie diese als Bilder sehen sollten. Fragen Sie sich also wörtlich: „Welche Bilder sehe beziehungsweise *höre* ich (weil wir ja nur auf die Aussprache achten) in diesem Begriff?"

Zisterne (Regenwasser-Auffangbecken oder -behälter)

Mein Bild ____________________

____

Pellerine (ein weiter (Regen-)Umhang)

Mein Bild ____________________

____

Mutante (ein Lebewesen, dessen Erbgut sich verändert hat)

Mein Bild ____________________

____

Pedikulose (Lausbefall beim Menschen)

Mein Bild ______________________________

____

Frontispiz (Verzierung eines Buchtitelblattes)

Mein Bild ______________________________

____

Und, hat es geklappt? Schauen Sie sich ruhig meine Verbilderungsvorschläge an.

Zisterne (Regenwasser-Auffangbecken oder -behälter)
Wir *ziehen* an den *Sternen*, daraufhin läuft das Regenwasser in das Auffangbecken.

Pellerine (ein weiter (Regen-)Umhang)
Wir hängen uns eine weite Wurst*pelle* um und an dieser *rinn*t der Regen runter. Oder wir ziehen uns die *Pelle* einer Manda*rine* als Regenumhang an.

Mutante (ein Lebewesen, dessen Erbgut sich verändert hat)
*Mu*h macht unsere *Tante*, seitdem sich ihr Erbgut verändert hat.

Pedikulose (Lausbefall beim Menschen)
Bei der *Pediku*ere ist der große Zehennagel *lose*, weil die Läuse darunter herumkriechen. Oder der *Petticoa*t sitzt *lose* und die Läuse kriechen rein.

Frontispiz (Verzierung eines Buchtitelblattes)
Wir verzieren ein Buchtitelblatt mit einer spitzen Nadel so, dass die *Front is*t *spitz*.

(Beispiele zum Teil entnommen aus „Das perfekte Gedächtnis“ von Roland Geisselhart und Marion Zerbst)

Speichern von Fachbegriffen

Wir schauen uns erst wieder ein Beispiel an. Mal angenommen, Sie wollten sich den Begriff „Botulismus“ an neunter Stelle Ihres Vortrages merken. Denken Sie an die Egal-Regel! Es muss nur ähnlich sein.

Verbilderung
Boot, ulkig, Mus. Also: In einem *Boot* – und das finden Sie *ul*kig und gr*ins*en – ist alles voller *Mus*.

Verknüpfung mit der Zahl Neun
Im Boot in dem ulkigen Mus schlängelt sich eine Schlange (9). Sie frisst das ganze Mus auf, bis sie nudeldick ist.

Botulismus im Boot

Wenn Sie nun noch die Bedeutung dieses Fachbegriffes dazu speichern wollen, ist dies ganz einfach. Botulismus bedeutet Lebensmittelvergiftung. Also verfärbt sich die Schlange nach dem Genuss grün und blau und fühlt sich überhaupt nicht wohl. Vielleicht übergibt sie sich auch. Sie hat schließlich eine Lebensmittelvergiftung.

Bitte verbildern Sie nun selbstständig die folgenden Fachausdrücke und verknüpfen Sie das entstandene Bild mit dem jeweiligen Zahlensymbol. Wie immer finden Sie meine Vorschläge im Anschluss an die Übung. Viel Erfolg.

1. Postulant

Mein Bild ______________________________

Verknüpfung ______________________________

2. Kambrium

Mein Bild ______________________________

Verknüpfung ______________________________

3. Redundanz

Mein Bild ______________________________

Verknüpfung ______________________________

4. Polyphrasie

Mein Bild ______________________________

Verknüpfung ______________________________

5. Heliosis

Mein Bild ______________________________

Verknüpfung ______________________________

6. Enzyklopädie

Mein Bild ______________________________

Verknüpfung ______________________________

7. Synektik

Mein Bild ______________________________

Verknüpfung ______________________________

8. Alkoven

Mein Bild ______________________________

Verknüpfung ______________________________

Na, wie sicht's aus? Langsam geht es ans Eingemachte, oder? Das war schon ein gutes Stück Arbeit. Was es gebracht hat, sehen Sie gleich unten. Davor gönnen Sie sich aber erst mal einen großen Schluck Wasser und stellen sich ans offene Fenster um frische Luft zu tanken.

So, nun kann's weitergehen. Schauen wir einmal, wie viele Sie noch wissen. (Sie haben die Begriffe doch abgedeckt?)

1. ______________________________
2. ______________________________
3. ______________________________
4. ______________________________
5. ______________________________
6. ______________________________
7. ______________________________
8. ______________________________

Darf ich gratulieren? Wahrscheinlich wussten Sie wesentlich mehr als ohne die Technik. Wenn Sie meinen, Sie wussten zuwenig, trösten Sie sich: Wie viele hätten Sie wohl vor dem Üben mit dem Buch geschafft? Also sehen Sie. Schauen Sie auf Ihre Fortschritte, auf das, was geklappt hat. Ermutigen Sie sich so immer wieder, weiterzumachen.

Hier der Vollständigkeit halber wieder meine Vorschläge. Die Bedeutung der Begriffe steht jeweils in der Klammer.

1. Postulant (Anwärter)
Ich stelle mir in der *Post* einen *Stuhl* an der *Wand* vor. Auf diesem brennt eine *Kerze*. Das ganze Wachs der *Kerze* tropft auf den Boden. Der neue *Anwärter* muss erst den Test bestehen und auf diesem Stuhl Platz nehmen.

2. Kambrium (Erdzeitalter)
Ich nehme einen *Kamm* und rühre damit den *Brie um*. Dann kommt ein *Schwan* und futtert ihn mir weg. Find ich gar nicht komisch. Denn der Brie war sehr, sehr alt und damit sehr, sehr lecker. Man hätte mit ihm das *Erdzeitalter* bestimmen können.

3. Redundanz (Überfluss)
Viele, viele *Re*he (also Rehe im *Überfluss*) *tun* einen *Tanz* machen (es ergibt halt manchmal schreckliches Deutsch, aber was soll's). Sie haben dabei alle einen *Dreizack* statt eines Geweihs auf dem Kopf.

4. Polyphrasie (krankhafte Redseligkeit)
Stellen Sie sich vor, Sie würden jemanden kennen, der *Polyester fraß, iiihhh*. Dazu gab es immer vierblättrige *Kleeblätter* als Beilage. Kein Wunder, dass der *krank* wurde und so viel *geredet* hat.

5. Heliosis (Überhitzung)

Der *Heli*kopter von *Ozzy* Osborne oder von einem *Ossi* ist so *überhitzt*, dass Sie sich die *Hand* verbrennen, wenn Sie ihn anfassen.

6. Enzyklopädie (Nachschlagewerk, Lexikon)

Wenn ein *Elefant entzü*ndet auf Ihrem *Klo* ein Watte*padi*, müssen Sie im *Lexikon* nachschlagen, um zu erfahren, was jetzt wohl zu tun ist.

7. Synektik (eine bestimmte Kreativitätstechnik)

Die größte *Sü*nde Ihres Partners ist ihr/sein *Neck-Tick*. Ständig werden Sie mit einem *Wimpel* von ihr/ihm geneckt. Dabei lässt sie/er sich ständig neue *kreative Techniken* des Wimpelschwingens einfallen.

8. Alkoven (Bettnische)

Nach reichlich *Alk*oholgenuss richten Sie sich Ihre *Bettnische* am *Ofen* ein. Damit Sie dort nicht zu lange liegen, stellen Sie Ihre *Sanduhr* gut sichtbar auf.

Rede: Verbesserungsvorschläge

Nun sind Sie fit für anspruchsvolle Reden. Die nächsten enthalten zwar keine so heftigen Fachbegriffe wie in der Übung eben, sind aber trotzdem nicht ohne.

Sie sollten, auf Drängen des Chefs, Verbesserungsvorschläge erarbeiten, die für einen reibungsloseren Ablauf sorgen und das allgemeine Betriebsklima verbessern. Also mit Sorgfalt, ohne Hektik, ohne Stress, schön verbildern. Jedes Zahlensymbol mit dem entsprechenden Text verknüpfen – zumindest stichpunktartig. Versuchen Sie das ruhig einmal ganz allein. Vorschläge von mir gibt es jetzt keine mehr.

Folgende Verbesserungsvorschläge möchten Sie den Zuhörern in Ihrer Rede nahe bringen:

1. Meiner Meinung nach wäre es sinnvoll, alle Mitarbeiter durch Plakate und Aushänge am Schwarzen Brett zu ermutigen, Verbesserungsvorschläge für alle Betriebsbereiche einzubringen. Wäre es nicht allgemein von Vorteil, die Mitarbeiter zum Mitdenken beim Firmengeschehen zu veranlassen? Denn das motiviert sie und erhöht ihr Interesse an der Arbeit.

2. Um das Betriebsklima und die Kommunikation untereinander zu verbessern, ist es wichtig, dass sich die Leute im Betrieb kennen und schätzen. Daher schlage ich vor, jährlich einen bis zwei Ausflüge zu organisieren.

3. Wissenschaftliche Tests haben bewiesen, dass die Arbeitsleistung stark von der Körperhaltung abhängt. Um die Kreativität zu fördern wären die neuen Producto-Nackenstützen genau das Richtige. Sie lassen sich problemlos und günstig an jedem unserer Stuhlmodelle anbringen.

4. Um die Zufriedenheit zu erhöhen, könnten wir die ohnehin etwas zu großen Parkbuchten auf Normgröße verkleinern. Dann würde jeder Mitarbeiter einen Parkplatz finden und wir müssten nicht den Kleeacker (aha, kleiner Hinweis) asphaltieren.

5. Wenn jeder Mitarbeiter die wichtigen Informationen, die er für seine Arbeit braucht, lückenlos im Kopf hat, geht ihm alles besser von der Hand (schon wieder ein Hinweischen. Na, was ist es denn?). Jeder von uns sollte seine Arbeit auch vom Gedächtnis her in den Griff bekommen. Daher schlage ich für jeden Mitarbeiter einen Gedächtnis- und Konzentrationskurs vor.

6. Neue Mitarbeiter benötigen einige Zeit, um sich bei uns einzuarbeiten. Wie wäre es mit einem kompakten Mitarbeiterhandbuch mit unserem Organigramm als Deckblatt?

7. Außerdem sollten wir die Gesundheit und das Wohlbefinden unserer Mitarbeiter über eine Zusammenarbeit mit den Sportvereinen vor Ort unterstützen. Das körperliche Abhärtungstraining erhöht die Arbeitsleistung, baut Stress ab und verringert die Ausfälle durch Erkältungskrankheiten.

8. Um die beste Leistung von unseren Mitarbeitern zu erhalten, sollten wir auf die unterschiedlichen Typen Rücksicht nehmen. Abend- und Morgenmenschen wünschen sich eine Arbeitszeit, die dem Tages- bzw. Nachtrhythmus des einzelnen Mitarbeiters gerecht wird. Mit der Einführung der Stempeluhr „Flexibla" könnten wir ohne großen Aufwand Gleitzeit ermöglichen.

9. Da wir mit vollem Magen weniger Blut im Gehirn haben, bietet sich ein Power-Nap (ein circa 20-minütiges Mittagsschläfchen) an. Die Amerikaner erzielen damit bereits erstaunliche Leistungszuwächse in den Nachmittagsstunden. In der Mittagspause etwas Ruhe in eigens dafür eingerichteten Entspannungsräumen mit Liegematten ist einfach zu realisieren.

10. Am Freitagnachmittag wird nach meinen Beobachtungen kaum noch gearbeitet. Kürzlich habe ich einen Mitarbeiter gesehen, der es eine halbe Stunde vor dem Feierabend schon nicht mehr erwarten konnte und bereits im Büro seine Golfschläge (Ist ja klar!) übte. Wir sollten deshalb mittags Schluss machen. Diese Zeit können wir in kleinen Etappen im Rest der Woche nachholen.

11. Gutes, qualitativ hochwertiges Essen ist wichtig für die Leistungsbereitschaft unserer Mannschaft. Deshalb sollte auch dafür gesorgt werden, dass dieses problemlos geliefert werden kann. Dazu muss der Weg zur Kantine neu gepflastert werden. Kürzlich fuhr ein Spaghetti-Lieferant in ein 11 cm tiefes Schlagloch und kam mit seinen eigenen Spaghetti (ich sag jetzt nix mehr) überhäuft in der Kantine an.

12. Wo wir gerade bei der Kantine sind: Um hier einen effizienten Ablauf zu garantieren, sollten weniger Personen dort essen. Möglich wird dies dadurch, dass die Mitarbeiter, die in der Nähe wohnen, nach Hause gehen. Viele würden das

gerne tun. Da hab ich mich schon rückversichert. Nur benötigen die Kollegen dann etwa eine Viertelstunde länger Mittagspause. Mit der bei meinem achten Punkt erwähnten Gleitzeit könnten wir in einem Aufwasch auch hier zum Erfolg kommen.
(Zum Teil entnommen aus „Das perfekte Gedächtnis" von Roland Geisselhart und Marion Zerbst.)

Geschafft. Cool, oder nicht? Okay, die Frage ist natürlich, ob Sie alle Punkte abgespeichert haben. Sehen Sie selbst. Notieren Sie die Rede stichpunktartig auf den folgenden Zeilen.

Vorher bitte wieder ein kleines Päuschen einlegen. Dann schauen Sie sich die Zahlensymbole in Kapitel 5 an und bauen Ihre Bilder wieder auf. Auf geht's!

1. ______________________________
2. ______________________________
3. ______________________________
4. ______________________________
5. ______________________________
6. ______________________________
7. ______________________________
8. ______________________________
9. ______________________________
10. ______________________________
11. ______________________________
12. ______________________________

Wow!!! Das war was, oder? Sind Sie zufrieden mit Ihrem Ergebnis? Oder vielleicht sogar begeistert von Ihrer eigenen Leistung? Wie auch immer. Gönnen Sie sich vor der nächsten Übung eine etwas längere Pause von einer halben Stunde. Am besten wäre es, erst morgen wieder weiterzumachen.

So, jetzt geht's wieder los! Als Nächstes wollen Sie eine Top-Präsentation hinlegen. Sie stellen eine neue Limonade vor. Das kommende Kultgetränk eben. Und das will genauso kultig präsentiert werden. Ist für Sie mittlerweile ja nichts Besonderes mehr. Trotzdem wachsam bleiben, okay? Volle Konzentration, schön Bilder machen und auch schön mit Zahlensymbolen verknüpfen.

Präsentation: Tropical-Beach-Cocktail-Limonade

1. Tropical Beach ist eine originelle neue Geschmacksrichtung, die es auf dem Markt neben den schon jahrzehntelang bekannten Orangen- und Zitronenlimonaden leicht haben wird, sich durchzusetzen.

2. Zudem ist der Name Tropical Beach äußerst werbewirksam. Alles, was tropisch ist, weckt Sehnsucht nach der Ferne.

3. Tropical Beach gibt es auch ohne Zucker – für Kalorienbewusste und Diabetiker.

4. Wegen der attraktiven Abziehbilder in der Packung werden viele Kinder ihren Eltern in den Ohren liegen, sie mögen Tropical Beach doch endlich auch einmal ausprobieren.

5. Tropical Beach ist trotz seines erlesenen, außergewöhnlichen Geschmacks nicht teurer als andere Limonaden, die derzeit auf dem Markt sind.

6. Sie eignet sich hervorragend für Longdrinks und Mixgetränke, denen es ein exotisches Flair verleiht.

7. Sie ist wegen des hohen Vitamin-C-Gehalts ein gesunder Durstlöscher für heiße Sommertage.

8. Die anderen Lebensmittelketten, die Ihre Firma bereits mit Tropical Beach beliefert, sind begeistert von diesem Produkt, da es sich ausgezeichnet verkauft.

9. Das Format der Dosen – nicht rund, sondern fünfeckig – ist originell und hebt das Produkt von anderen Limonaden ab.

10. Zudem lassen sich die Dosen wegen der am Rande angebrachten Plastiklasche bequem mit einem Finger wegtragen.

11. Die auf den Dosen abgebildete exotische Landschaft in warmen Rot-, Grün- und Gelbtönen ist äußerst werbewirksam.

12. Um das Produkt noch attraktiver zu machen, werden wir für Ihre Firma im Laufe der nächsten Wochen ein Preisausschreiben organisieren, bei dem es mehrere Reisen in tropische Länder zu gewinnen gibt.

(Zum Teil entnommen aus „Das perfekte Gedächtnis" von Roland Geisselhart und Marion Zerbst.)

Und nun beweisen Sie sich selbst, dass Sie eine Präsentations-Kanone sind, die die wichtigsten Punkte ihrer Vorstellung mühelos im Gedächtnis behalten kann! Je besser Sie sich die

Vorzüge von Tropical Beach eingeprägt haben, umso leichter wird es Ihnen fallen, Ihr Gegenüber zu überzeugen.

Dann brauchen Sie keine Energie mehr darauf zu verschwenden, in allen Ecken und Winkeln Ihres Gehirns nach den Argumenten zu suchen, die Ihnen eventuell entfallen sein könnten, sondern können sich ganz auf Ihre Gesprächspartner und deren Reaktionen konzentrieren.

Testen Sie Ihr Gedächtnis!

Schreiben Sie die zwölf Präsentationspunkte auswendig nieder und vergleichen Sie Ihren Text dann mit dem Original.

1. ______________________
2. ______________________
3. ______________________
4. ______________________
5. ______________________
6. ______________________
7. ______________________
8. ______________________
9. ______________________
10. ______________________
11. ______________________
12. ______________________

So, nun is' aber gut! Haben Sie schon mal überlegt, wie viel Sie sich insgesamt schon jetzt durch dieses Buch gemerkt haben? Wie viel Sie in dieser – zumindest für diese Menge –

kurzen Zeit abgespeichert haben? Hätten Sie dies für möglich gehalten? Im Seminar bin ich selbst immer wieder begeistert, was mit der „Geisselhart-Methode“ beziehungsweise mit der Memo-Rhetorik alles möglich ist. Wahnsinn!

Gratulation: Sie haben sich schon jetzt eine ganze Menge gemerkt!

Gratulation. So weit durchzuhalten ist ja gar nicht so leicht. Sie aber haben es gepackt. Seien Sie ruhig stolz auf sich. Sollten Sie allerdings denken „Eigenlob stinkt!“, ändern Sie diesen Glaubenssatz bitte um in „Eigenlob stimmt!“.(Sabine Asgodom hat ein Buch mit diesem stimmigen Titel geschrieben.) Das macht Sie sofort noch erfolgreicher.

Tja, leider neigt sich das Buch-Seminar dem Ende zu. Sie haben nur noch zwei Kapitel vor sich. Also, kurze Verschnaufpause und dann: frisch weiter!

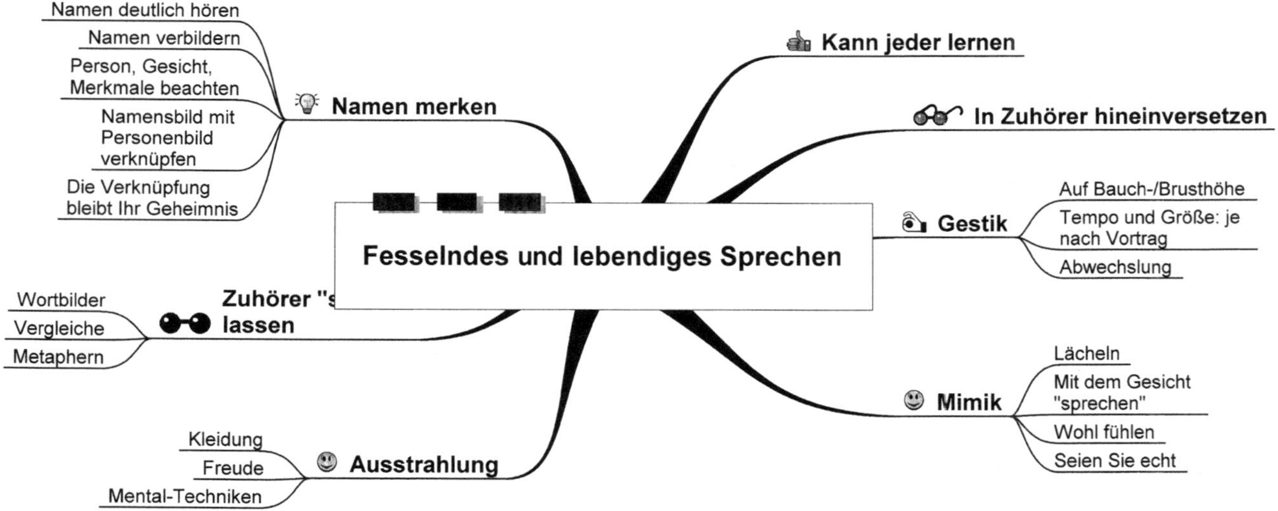

training@teamgeisselhart.de

5. Fesselndes und lebendiges Sprechen

Wer sprechen kann, kann gute Reden halten

Viele Menschen sind der Meinung, die Fähigkeit, fesselnd und lebendig zu sprechen und so Zuhörer zu begeistern und mitzureißen, sei angeboren. Ich glaube das nicht. Meiner Ansicht nach kann jeder, der sprechen kann, auch lernen, so zu sprechen, dass er das Publikum fesselt und begeistert. Selbstverständlich wird es der eine besser machen als der andere. Auch werden manche durch das beste Training nie so gut wie andere.

Sehen Sie, wie gut Sie sind, nicht, wie gut andere sind

Aber so ist es mit allem. Beispielsweise kann jeder gesunde Mensch laufen. Aber es gibt immer Personen, die laufen besser, schneller, weiter. Wenn es Ihnen also nicht darum geht, der beste Redner der Welt zu werden, haben Sie schon einen großen Vorteil: Sie werden Ihre eigenen Fortschritte wesentlich genauer wahrnehmen als jemand, der sich ständig mit anderen vergleicht. Messen Sie Ihre Leistung an Ihrem Ziel. Ihr Ziel sollte sich nicht an anderen, an Vorbildern, orientieren. Vielleicht werden Sie niemals so gut wie Ihr Vorbild. Trotzdem sind Sie sehr gut und Ihr Publikum ist begeistert.

Selbst Weltklasse-Athleten messen sich ungern mit ihren Wettbewerbern. Es gibt Sportler, die sich über ihre eigene Leistung freuen, obwohl sie auf einem schlechten Platz landeten. Für den Sportler persönlich aber war diese Zeit eine Traumzeit. Also: Wer sich mit anderen vergleicht, wird selten mit sich zufrieden sein! Dadurch nehmen Sie sich jedes Erfolgserlebnis.

Stecken Sie andere mit Ihrer Begeisterung an

Machen Sie das Beste aus Ihren Fähigkeiten und lernen Sie, Begeisterung zu übertragen. Wenn Sie von etwas berichten, das Sie wirklich begeistert, können Sie auch andere mitreißen. Begeisterung wirkt ansteckend. Und wie Sie begeisternd reden lernen, schauen wir uns nun an.

Wortbilder

Ein arabisches Sprichwort lautet: „Ein guter Redner macht seine Zuhörer mit den Ohren sehend." Das bedeutet: Ein guter Redner erzeugt bei den Zuhörern Bilder im Kopf. Er lässt einen Film vor dem geistigen Auge seines Publikums ablaufen. Kommt Ihnen irgendwie bekannt vor, oder? Um Bilder im Kopf-Kino geht es hier ja die ganze Zeit!

Erzeugen Sie Bilder im Kopf des Zuhörers

Wie aber erzeugen Sie ebendiese Bilder in den Köpfen der Leute, die Ihrer Rede, Ihrem Vortrag oder Ihrer Präsentation folgen? Genau: durch „Wortbilder".

Erzählen Sie Geschichten. Ja, wirklich! Sie merken sich doch einen Roman auch leichter als ein Fachbuch. In Geschichten verpackt wird Unverständliches verständlich und Kompliziertes einfach. Sie sollten deshalb so oft wie möglich in Bildern sprechen. Überlegen Sie sich vor Ihrem Vortrag ganz genau: Wer sind meine Zuhörer? Welche Wortwahl ist für diese Zielgruppe passend? Was erwarten meine Teilnehmer? Was will ich erreichen?

Wenn Sie vor Ärzten sprechen, werden Sie Ihre Rede anders gestalten, als wenn Sie den gleichen Inhalt vor Bauarbeitern präsentieren. Hoffentlich! Bei Ärzten benutzen Sie Fachbegriffe, die jeder Arzt kennt. Beim Vortrag vor Bauarbeitern setzen Sie auch Fachwörter ein. Nur sind es hier eben genau die Fachausdrücke, die alle Bauarbeiter kennen.

Zuhörergerechte Wortwahl und Geschichten sind wichtig

Verzichten Sie unbedingt auf Fachchinesisch, das vom Publikum nicht oder nur mit Mühe verstanden wird. Erwarten Sie von Ihrem Publikum nicht, dass es voll und ganz konzentriert ist. Selbst bei hoher Konzentration schweift das menschliche Gehirn immer ab, wenn es Unbekanntes wahrnimmt. Es geht auf die Suche und schaut nach, ob da nicht doch vielleicht irgendwo irgendetwas Bekanntes zu finden ist. Dann haben Sie die Aufmerksamkeit zumindest dieses Zuhörers verloren.

Da Sie das ganze Publikum bis zum Ende des Vortrags fesseln wollen, setzen Sie sich vor Ihrer Rede die Zuhörer-Brille auf und schauen Sie durch. Ziehen Sie sich die Stiefel Ihres Publikums an. Benutzen Sie also Vergleiche, die Ihren Zuhörern bekannt sind. Malen Sie Szenarien, in denen sich Ihre Zuhörer wiederfinden. Sprechen Sie in Metaphern und Gleichnissen.

Machen Sie Ihre Rede zum Film

Erinnert Sie das Wort Gleichnis nicht an einen ganz großen Redner? Na klar, an Jesus. Jesus war ein begnadeter Redner, der es verstand, die Massen in seinen Bann zu ziehen, Begeisterung zu wecken, die Leute mitzureißen, sie zu fesseln. Sie erinnern sich sicherlich auch an zahlreiche Gleichnisse aus der Bibel (das Gleichnis vom barmherzigen Samariter zum Beispiel). Solchen Reden, die viele Bilder enthalten, die in den Köpfen der Adressaten ablaufen wie Filme, können wir im Allgemeinen sehr gut folgen. Überlegen Sie sich deshalb bei der Vorbereitung Ihrer Rede möglichst viele solcher Bilder.

Wenn Sie sich die Rede mit der Memo-Rhetorik der „Geiselhart-Methode“ merken, haben Sie schon im Vorfeld gewonnen. Sie haben sich selbst einen Film gemerkt. Diesen lassen Sie vielleicht exakt so vor den Augen Ihres Publikums ablaufen und er wird genügend Bilder enthalten.

Sammeln Sie Wortbilder

Damit Ihnen das Bildersuchen leichter fällt, habe ich für Sie einige Wortbilder und Sprichwörter zusammengestellt. Diese sind bestens dazu geeignet, vom Publikum im Kopf-Kino gesehen, leicht erfasst und verstanden zu werden. Legen Sie sich eine Sammlung Ihrer liebsten Wortbilder zu. Eine Sammlung, die Sie für Ihre Zwecke und Themen brauchen können. Den Grundstock legen Sie mit den folgenden Beispielen.

Beispiele für Wortbilder

Saugen Sie dieses Buch in sich auf und Ihr Redner-Erfolg hat freie Bahn

- Gierig wie ein Schwamm aufsaugen
- Wer rastet, der rostet
- Wer „A“ sagt, muss auch „B“ sagen
- Katze im Sack kaufen
- Große Ereignisse werfen ihre Schatten voraus
- Auf Spatzen mit Kanonen schießen
- Nonplusultra
- Sammelsurium
- Segeln unter falscher Flagge

- Am seidenen Faden hängen
- Wölfe im Schafspelz
- Ein Spatz in der Hand ist besser als die Taube auf dem Dach
- Stein im Brett haben
- Urteilen wie Blinde über die Farbe
- Allzu straff gespannt, zerspringt der Bogen
- Etwas geht weg wie warme Semmeln
- Ein schweres Geschütz auffahren
- Sisyphusarbeit
- Tropfen auf dem heißen Stein
- Hohe Bäume werfen lange Schatten
- Mit einem blauen Auge davonkommen
- Ein fauler Apfel steckt hundert andere an
- Den letzten beißen die Hunde
- Etwas wie Sauerbier anbieten
- Wer allein läuft, wird stets Sieger
- Man soll nicht auf Sand bauen
- Das Gras wachsen hören
- Ein Haar in der Suppe finden
- An den Haaren herbeigezogen
- Es wird nichts so heiß gegessen, wie es gekocht wird
- Wie die Katze um den heißen Brei schleichen
- Sich nicht die Butter vom Brot nehmen lassen
- Sich nach der Decke strecken
- Wissen, wo der Schuh drückt
- Mehrere Eisen im Feuer haben
- Aus der Mücke einen Elefanten machen
- Von allen Hunden gehetzt sein
- Mit allen Wassern gewaschen
- Mit den Wölfen heulen
- Wo gehobelt wird, fallen Späne
- Wo ein Hund bellt, bellen bald alle Hunde im Dorf
- Ins eigene Fleisch schneiden
- Wie eine reife Frucht in den Schoß fallen
- Eine Hand wäscht die andere

- Die Haut ist näher als das Hemd
- Hecht im Karpfenteich
- Nicht mitten im Strom die Pferde wechseln
- Sie sind nicht der Mann, der sich ein X für ein U vormachen lässt
- Wie ein rohes Ei behandeln
- Klappern gehört zum Handwerk
- Des Pudels Kern
- Auf den Busch klopfen
- Das Pferd von hinten aufzäumen
- Eine Sache ausbaden/auslöffeln
- Das fünfte Rad am Wagen
- Die schlechtesten Früchte sind es nicht, an denen die Wespen nagen
- Auf des Messers Schneide
- Neuen Wein in alte Schläuche füllen
- Auf Herz und Nieren prüfen
- Farbe bekennen
- Bei der Stange bleiben
- Dorn im Auge
- Mehrere Fliegen mit einer Klappe schlagen

Mit der Power der Memo-Rhetorik schlagen Sie mehrere Fliegen mit einer Klappe

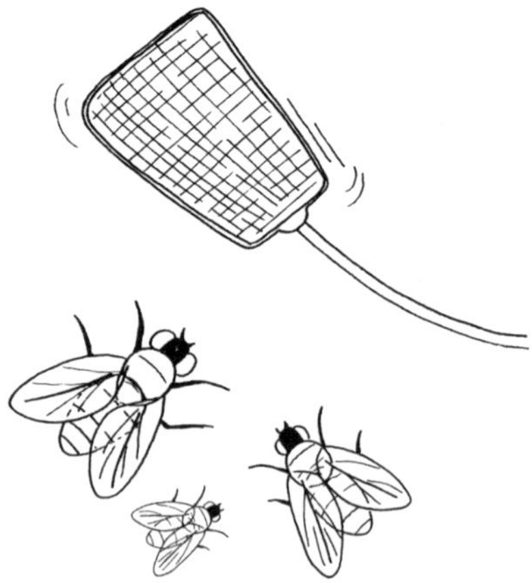

- In ein Wespennest stechen
- Prediger in der Wüste sein
- Der Zweck heiligt die Mittel
- Holz in den Wald tragen
- Ins Schwarze treffen
- Alles auf eine Karte setzen
- Gegen Windmühlen kämpfen
- Die erste Kälte empfindet man am meisten
- Wo es nicht juckt, soll man nicht kratzen
- Den Nagel auf den Kopf treffen
- Sein Mäntelchen nach dem Wind hängen
- Wenn der Reiter nichts taugt, gibt er dem Pferd die Schuld
- Es führen viele Wege nach Rom
- Für andere die Kastanien aus dem Feuer holen
- Mit dem Kopf durch die Wand
- Gegen den Strom schwimmen
- Papier ist geduldig
- Den Brotkorb höher hängen
- Eine Krähe hackt der anderen die Augen nicht aus
- Die Zunge verbrennen
- Auf den Leim gehen
- Doppelt genäht hält besser
- Was der Rechen durchlässt, muss die Hand nehmen
- Sich an einen Strohhalm klammern
- Aus dem Regen in die Traufe kommen
- Wer Rosen pflücken will, darf Dornen nicht fürchten
- Das pfeifen die Spatzen von den Dächern

Gestik, Mimik, Ausstrahlung

Begeisterung für den eigenen Vortrag ist die halbe Miete

Wenn Sie richtig begeistert sind vom Inhalt Ihres Vortrags, könnten Sie sich diesen Abschnitt fast sparen. Sie würden sehr wahrscheinlich richtig gestikulieren (also Ihre Arme und Hände entsprechend einsetzen), Ihre Mimik (Ihr Gesichtsausdruck) wäre toll und auch Ihre Ausstrahlung würde wirken. Trotzdem können Sie eventuell noch das eine oder andere verbessern. Aber vielleicht sind Sie ja gar nicht jedes Mal so begeistert von dem, was Sie präsentieren. Wie Sie diese Begeisterung erzeugen und sich positiv auf Ihren Vortrag einstimmen können, lesen Sie im Kapitel „Von Lampenfieber, Vorbereitung und Mentaltraining“.

Sympathische Redner haben es leichter

Ihre Gestik, Mimik und Ausstrahlung sind sehr, sehr wichtig. Oft wird diesen Punkten viel zu wenig Aufmerksamkeit geschenkt. Es liegt in der Natur des Menschen, einer sympathischen Person lieber zuzuhören und mehr zu glauben. Fragen Sie sich selbst. Logisch ist dies natürlich nicht. Denn ein unsympathischer Redner kann genauso Recht oder Unrecht haben wie ein sympathischer.

Warum sollten wir es uns aber, da wir dies ja nun wissen, unnötig schwer machen? Es ist für jeden erlernbar, Gestik, Mimik und Ausstrahlung positiv für sich zu nutzen.

Die wichtigsten Regeln für die Gestik

- Am natürlichsten sehen Gesten zwischen Gürtel und Hals aus. Darunter wirken diese oft wie gewollt und nicht gekonnt. Darüber sehen Sie leicht aus wie ein Pfarrer.

- Das Tempo sollten Sie Ihrem Vortrag anpassen, Ihrer Person und Ihrem gewöhnlichen Sprechtempo. Vor einem kleinen Publikum dürfen Ihre Gesten im Allgemeinen schneller sein als vor einem großen, das oft weiter entfernt sitzt und langsamere Bewegungen besser verfolgen kann.

- Die Größe Ihrer Gesten sollte sich auch immer nach dem Inhalt der Rede, den Zuhörern und der Größe des Saales beziehungsweise der Teilnehmerzahl richten. Also: großer Saal, viele Teilnehmer – große Gesten. Kleiner Saal, wenige Teilnehmer – kleinere Gesten.

- Achten Sie auch unbedingt darauf, nicht ständig die gleichen Bewegungen zu machen, wechseln Sie ab. Lassen Sie sich einmal auf Video aufzeichnen oder fragen Sie eine vertraute Person, um dies analysieren zu können.

Die wichtigsten Regeln für die Mimik

„Ein freundliches Gesicht schlägt man nicht", schreibt Harald Scheerer in seinem Buch „Mit Worten führen".

- Also: Schauen Sie bitte freundlich drein!

- Passen Sie auch Ihre Mimik, Ihren Gesichtsausdruck (nicht nur die Gestik) dem Inhalt Ihrer Präsentation an. Bewegen Sie Ihre Augenbrauen, Ihre Nase, Ihren Mund (nicht nur beim Sprechen), Ihre Stirn, Ihren Unterkiefer. Benutzen Sie Ihre Gesichtsmuskeln.

- Generell: Achten Sie vor jeder Rede darauf, dass Sie sich gut fühlen. Sollten Sie dies nur spielen, werden Ihre Zuhörer dies leicht merken. Wie Sie sich positiv einstimmen, lesen Sie im Kapitel „Von Lampenfieber, Vorbereitung und Mentaltraining".

- Schauen Sie bei Fragen fragend drein und bei Aussagen, die Erstaunen erzeugen sollen, erstaunt.

Das Wichtigste ist, echt zu bleiben

- Bei all dem: Bleiben Sie, wie oben schon gesagt, Sie selbst. Seien Sie echt. Gespielte Mimik wird entlarvt. Gespielte Begeisterung auch. Dasselbe gilt übrigens auch für die Gestik. Mehr hierzu finden Sie im o.g. Kapitel.

Die wichtigsten Regeln für Ihre Ausstrahlung

Ihre Ausstrahlung hängt natürlich von Ihrer Gestik und Mimik ab. Aber auch von Ihrem Äußeren, Ihrer Kleidung, Ihrer inneren Einstellung. Selbst was Sie über Ihr Publikum denken, spielt eine Rolle. Eine sehr große sogar.

Passen Sie sich Ihren Zuhörern an

- Passen Sie Ihr Äußeres Ihren Zuhörern an. Nicht übertrieben, sondern so, dass es noch zu Ihnen passt und Sie sich wohl fühlen. Also treten Sie vor Bankern nicht in Jeans und T-Shirt auf, sondern eben im Anzug. Vor Motorradfahrern dürfen Sie dann gerne im T-Shirt referieren. Wenn Sie sich nur im Anzug wohlfühlen, lassen Sie vielleicht bei den Bikern die Krawatte weg.

- Freuen Sie sich über die Teilnehmer. Freuen Sie sich auf Ihren Auftritt. Wertschätzen Sie Ihre Zuhörer. Fühlen Sie dieses Gefühl im Bauch. Dadurch strahlen Sie auch Wertschätzung aus.

- Die mentalen Techniken, um in der Praxis dabei tatsächlich echte Gefühle zu empfinden, können Sie wieder im siebten Kapitel nachlesen.

Bringen Sie dem Publikum Wertschätzung entgegen

- Ihre Ausstrahlung gewinnt auch, wenn Sie Ihr Publikum einbeziehen. Dadurch bringen Sie ihm Wertschätzung entgegen. Ihre Zuhörer merken, dass Ihnen ihre Meinung wichtig ist, dass Ihnen Ihr Publikum wichtig ist.

Teilnehmernamen spielend speichern

Stellen Sie sich vor, Sie werden bei einer Präsentation aktiv einbezogen. Sie müssen Fragen beantworten, Anregungen geben und Ihre Meinung äußern. Sie sind dann automatisch viel konzentrierter bei der Sache, als wenn Sie nur passiver, unbeteiligter Zuhörer wären.

Ihr Publikum und Sie: ein Dream-Team

Was also liegt näher als das Publikum einzubeziehen? Ah, denken Sie: „Das geht doch nicht, die wollen das nicht, die wollen bequem zuhören und nicht überlegen müssen. Und überhaupt gibt es dann ein viel zu großes Durcheinander." Wenn Sie dies nicht denken, gut. Wenn doch, auch gut.

Die interaktive Rede funktioniert bei großem und kleinem Publikum

Bei kleinen Gruppen ist diese Technik, „interaktive Rede" genannt, einfach. Sie wird von vielen Rednern ganz unbewusst angewandt. Im kleinen Kreis geschieht dies oft. Bei wenigen Teilnehmern erwarten Sie auch tatsächlich Antworten und gehen auf diese ein. Im großen Kreis allerdings – also ab etwa 200 Personen – erwarten Sie nicht wirklich Antworten. Das heißt, Sie stellen zwar eine Frage und warten auch einen Moment. Aber Sie geben die Antwort dann selbst.

Das Publikum allerdings hat nachgedacht. Es wurde aktiv einbezogen. Bei Fragen, bei denen es um Zustimmung oder Ablehnung geht, lassen Sie sich Handzeichen geben. Sie stellen die Frage und sagen: „Wer dieser Meinung ist, bitte die Hand hochhalten!" Am besten machen Sie dies vorne auf der Bühne vor, da sich einige sonst wahrscheinlich nicht trauen. Dann stellen Sie die Gegenfrage: „Wer ist anderer Meinung?"

Konzentrieren Sie sich auf die Wünsche der Mehrheit

Und wieder haben Sie Ihre Zuhörer hervorragend eingebunden. Die Teilnehmer müssen am Ball bleiben, sonst können sie keine Handzeichen geben und nicht mitdenken. Natürlich klappt dies nicht bei allen. Es wird auch bestimmt nicht allen gefallen. Aber allen können Sie es so oder so nicht recht machen. „Everybody's darling is everybody's Depp“, sagte schon Franz-Josef Strauss. Konzentrieren Sie sich auf die Mehrheit. Und die Mehrheit findet eine solche Integration toll. Also animieren Sie Ihr Publikum zum Mitmachen.

Sprechen Sie die Teilnehmer mit deren Namen an

Der eigene Name wird immer gerne gehört

Für Publikumsgrößen bis vielleicht 40 Personen ist das der Hit. Durch keine mir bekannte andere Technik erhalten Sie so viel Aufmerksamkeit. Holen Sie sich bei bestimmten Aussagen die Zustimmung von Personen aus dem Publikum, die Ihre Ansicht bestätigen können. Stellen Sie wichtige Fragen an die wichtigen Leute im Publikum. Und: Sprechen Sie diese mit ihren Namen an. Der eigene Name ist für die allermeisten Menschen das liebste Wort!

Okay, nicht immer sind Ihnen die Namen der Teilnehmer bekannt. Wenn Sie diese aber in Erfahrung bringen können, ist dies ein absoluter Gewinn für Sie und den Erfolg Ihrer Rede.

Nehmen wir einmal an, Sie kennen die Namen. Vielleicht gibt es eine Teilnehmerliste oder Sie haben Einladungen versandt und entsprechende Rückmeldungen erhalten. Das hilft Ihnen allerdings nur, wenn Sie die Leute kennen. Dann ist es ja einfach für Sie, die Anwesenden mit ihrem Namen anzusprechen. Wenn Sie diese nun aber nicht kennen? Wie sollen Sie sich denn 15, 20 oder gar 30 Namen merken, bei der kurzen Vorstellung oder Begrüßung zu Beginn?

Wahrscheinlich ahnen Sie es schon. Mit der „Geisselhart-Methode des Mental- und Gedächtnistrainings“ natürlich! Ist doch klar! Es funktioniert genauso, wie Sie sich Fachbegriffe, Fremdwörter oder Vokabeln merken.

Frau Cubare werden Sie nie mehr vergessen

Erinnern Sie sich noch an das Bild zu „cubare“? Das könnte doch auch ein Nachname sein. Sie könnten doch eine Frau Cubare kennen lernen. Das Bild dafür haben Sie ja bereits: Frau Cubare liegt mit einer Kuh auf der Bahre.

Nun üben wir, Namen und Gesichter richtig zu behalten. Sie werden sehen, Sie können mit dieser Technik 15 Personen und deren Namen in nur 15 Minuten abspeichern.

So merken Sie sich Namen und Gesichter

1. **Namen deutlich hören**
   Ganz wichtig ist es, den Namen sofort zu wiederholen, wobei Sie auf die korrekte Aussprache und Schreibweise achten. Oft liegt schon hier eine Fehlerquelle: Wir hören oft nicht richtig hin, wenn uns jemand vorgestellt wird. Wiederholen Sie Namen bewusst und fragen Sie nach, ob Sie den Namen korrekt aussprechen beziehungsweise richtig verstanden haben.

2. **Namen verbildern**
   Auch Namen merkt man sich am besten, wenn man sie sich als Bilder vorstellt. Wie das in der Praxis funktioniert, zeigen die Beispiele unten.

3. **Person, Gesicht und eventuell auffällige Merkmale beachten**
   Je genauer Sie hinschauen, desto genauer können Sie die Person wieder als Bild im Geiste entstehen lassen. Dies ist für den vierten Punkt überaus wichtig.

4. **Bild des Namens mit Bild der Person, dem Gesicht und dem auffälligen Merkmal verknüpfen**
   Nun werden auf möglichst lustige Art und Weise die beiden Bilder (das des Namens und das der Person) miteinander verknüpft. Wie das genau geht, wird aus den Beispielen weiter unten deutlich.

5. **Die Verknüpfung bleibt Ihr Geheimnis!**
   Es kann vorkommen, dass sehr ungewöhnliche Verknüpfungen entstehen. Das ist absolut gewollt, denn Sie wissen ja: Je ungewöhnlicher, desto „merk-würdiger", umso besser erinnern Sie sich daran. Diese Bilder sind aber für die betreffende Person nicht immer lustig. Daher behalten Sie die Verknüpfungen lieber für sich. In jedem Fall gilt: Egal, wie absurd Ihnen eine Verknüpfung erscheinen mag, wenn Sie sich wieder an den Namen der betreffenden Person erinnern, ist sie gut.

Arbeiten Sie auch bei Namen mit dem Ähnlichkeitsgesetz

Da Sie ja den Namen bewusst verunstaltet haben, wird Ihnen dieser neue Spitzname auch aller Wahrscheinlichkeit nach nicht einfach herausrutschen. Bitte verwechseln Sie diese Technik nicht mit dem unbewussten Spitznamengeben. Dabei wissen die Spitznamengeber oft gar nicht mehr so genau, ob die Person nicht tatsächlich so heißt wie der Spitzname. Bei unserer Technik wissen Sie dies immer. Der Name muss nicht genauso sein wie das Bild, das Sie abgespeichert haben, meistens hört er sich so ähnlich an. Und Ihr Gehirn wird nach dem Ähnlichkeitsgesetz fast immer (in etwa 90 von 100 Fällen) darauf kommen.

Tiernamen

Bei Tiernamen wie *Wolf*, *Bär* etc. stellen Sie sich die betreffende Person z. B. mit einem *Wolf* im Arm vor. Frau *Fuchs* verkriecht sich vielleicht gerade in ihren *Fuchs*bau. Oder falls sie Zöpfe (als auffälliges Merkmal) hat, ersetzen Sie diese durch *Fuchs*schwänze.

Berufsnamen

Herrn *Müller* stellen wir uns vor, wie er einen riesigen *Mehlsack* schleppt. Oder wir stäuben ihn komplett mit *Mehl* ein. Herr *Bauer* fährt mit *Trecker* und *Pflug* durch die Gegend usw.

Namen aus zusammengesetzten, konkreten Begriffen

Namen, die aus zusammengesetzten, konkreten Begriffen bestehen, sind ebenfalls denkbar einfach zu verbildern. Herr *Kochendorf kocht* für ein ganzes *Dorf* eine leckere Mahlzeit. Frau *Goldmund* versprüht lauter *Gold*stücke, wenn sie den *Mund* aufmacht.

Namen, die eine leicht veränderte Schreibweise besitzen

Auch Namen, die eine leicht veränderte Schreibweise besitzen, stellen für Sie kein Problem dar. Herr *Tanner* sägt im Wald eine *Tanne* ab.

Frau *Bardt* stellen wir uns mit einem dicken Rausche*bart* vor.

Namen ohne jede Bedeutung

Auch Namen ohne jede Bedeutung sind mit der „Geisselhart-Methode“ leicht zu erinnern. Sie benötigen hierzu nur Ihre mittlerweile top trainierte Fantasie. Damit fällt Ihnen dann leicht ein Ersatzwort ein. Herr *Traimer* wird zum *Träumer*, Herr *Lambro* isst gerne *Lamm* mit *Brot*, Frau *Nuskowsky* fährt mit einer *Nuß* auf dem *Kopf Ski*, Herr *Papadouppolus* lacht mit seinem Papa um die Wette, denn sein *Papa* ist *doppelt lus*tig, Herr *Rommel* fährt nach *Rom* um *Mehl* zu besorgen und Frau *Koufulis* besitzt eine *Kuh*, die einen *Pfahl isst*.

Mit dieser Methode ist sichergestellt, dass Sie Ihre Zuhörer, nachdem sich diese vorgestellt haben, souverän mit ihrem Namen ansprechen können. Und Sie wissen ja: Der eigene Name ist der meisten Teilnehmer liebstes Wort.

Testen Sie die Methode am besten gleich selbst mit den folgenden Präsentationsteilnehmern.

Bitte verbildern Sie erst die Namen nach der Ersatzwort-Methode. Also genau so, wie wir das auch mit den Fachbegriffen durchexerziert haben. Wenn Sie dann ein passendes Bild gefunden haben, packen Sie die betreffende Person beziehungsweise deren auffälliges Merkmal mit in dieses Bild, verknüpfen die beiden also.

Herr Fink

Frau Hübner

Herr Geisselhart

Frau Landauer

Herr Kulhavy

Herr Seiwert

Herr Limbeck

Herr Predmerski

Bitte gönnen Sie sich nun wieder eine kleine Pause. Gehen Sie auf die Toilette, wenn nötig, holen Sie sich etwas zu trinken oder zu essen, gehen Sie ein paar Schritte, brühen Sie sich einen Tee auf, atmen Sie frische Luft.

Und nun testen Sie, wie viele der Personen Sie noch mit dem korrekten Namen ansprechen können:

Na, Grund zur Freude? Fit für die nächste Party? Wenn's geklappt hat, okay. Wenn nicht, auch gut. Üben Sie das Namenmerken in der Praxis! Endlich ein beruflich legitimierter Grund, sich auf Partys herumzutreiben. Für alle, die es genau wissen wollen: Hier meine Verknüpfungsvorschläge.

- Herr Fink – Hat ein etwas spitzes Gesicht, wie ein kleiner *Fink* (der Vogel).
- Frau Hübner – Ihr hängt das Haar links etwas ins Gesicht. Das kommt vom vielen *Hüpf*en, damit *ner*vt sie ihre Kollegen ständig.
- Herr Geisselhart – Ich habe etwas längere Haare. Damit *geißel* ich mich immer sehr *hart*.
- Frau Landauer – Achten Sie auf die Perlenkette und die Ohrringe. Sie ist reich und hat auch ein großes Stück *Land* mit einer saftigen *Aue* drauf.
- Herr Kulhavy – Er sieht sehr sympathisch aus. Aber nur auf dem Bild. In echt ist er *cool* und *heavy*.
- Herr Seiwert – Sehen Sie wie aufrecht und selbstbewusst seine Haltung ist? Er sagt sich: „*Sei* was *wert*!"
- Herr Limbeck – So sportlich wie er aussieht, tanzt er bestimmt sehr gut den *Lim*bo mit seinem *Beck*en.
- Herr Predmerski – Sein Schnäuzer sieht aus wie ein *Brett*. Damit fährt er im *Meer* sogar *Ski*.

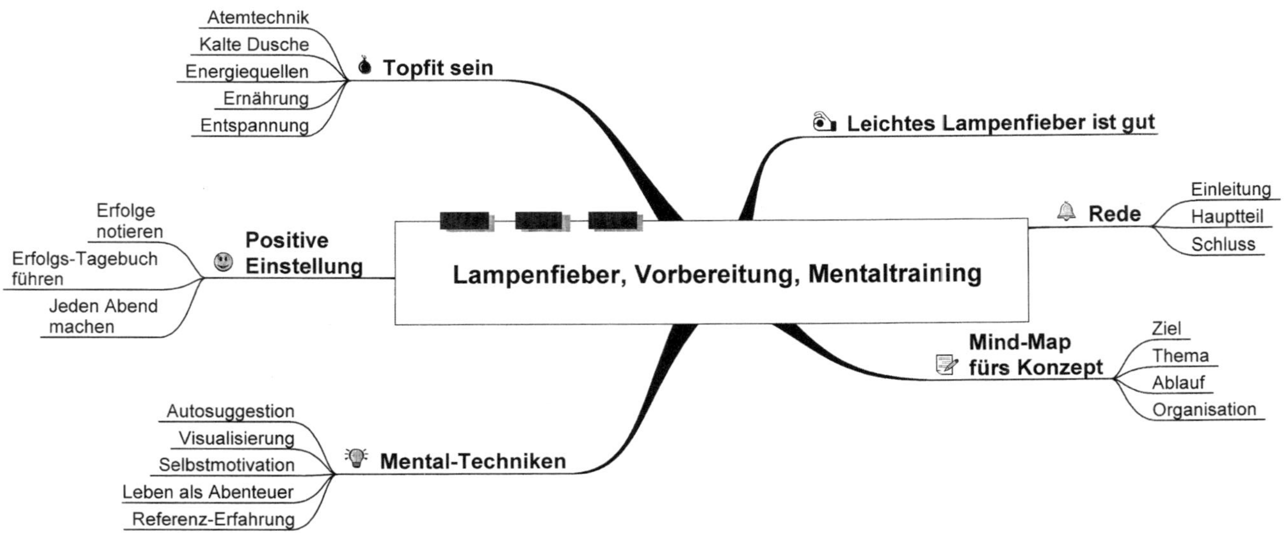

training@teamgeisselhart.de

6. Von Lampenfieber, Vorbereitung und Mentaltraining

Mit einer guten Vorbereitung schlagen Sie zwei Fliegen mit einer Klappe: Ihr Vortragserfolg wird größer sein und Sie selbst werden beruhigter sein, weniger Lampenfieber haben, sich sicherer fühlen.

Lampenfieber ade?

„Das menschliche Gehirn ist eine großartige Sache.
Es funktioniert vom Augenblick der Geburt
bis zu dem Zeitpunkt, wo du aufstehst, um eine Rede
zu halten.“

Mark Twain

Lampenfieber ist nichts weiter als Angst. Meistens die Angst zu versagen oder sich zu blamieren. Angst vor dem so gefürchteten Blackout brauchen Sie dank Ihres mittlerweile perfekten Gedächtnisses ja nicht zu haben.

Karteikarten als Rettungsanker

Falls doch, hier ein kleiner Trick: Nehmen Sie Karteikärtchen mit Stichpunkten zum Vortrag mit. Sie halten die Rede zwar frei, doch wenn Sie mal nicht weiterwissen sollten, haben Sie als Fallschirm Ihre Kärtchen. Sie schauen darauf und machen ganz relaxed weiter. Niemandem wird Ihr kurzer Blick negativ auffallen. Es war dann zwar keine komplett frei gehaltene Ansprache, aber Sie üben ja noch.

Doch zurück zur Angst. Unser Gehirn reagiert natürlich auf diese Angst. Sie bewirkt, dass Stresshormone ausgeschüttet werden, die die Denkvorgänge im Gehirn blockieren. Dies ist nötig um instinktiv richtig zu handeln. Würden wir im Angstzustand erst den Verstand einsetzen, wären wir in freier Wildbahn längst gefressen worden (zumindest früher).

Lampenfieber hat durchaus Vorteile

Also ist Lampenfieber eigentlich gut. Auch uneigentlich. Bei Lampenfieber steigt automatisch Ihre Konzentration. Über ein normales Maß sollten Sie sich freuen. Die meisten Redner – sogar die alten Hasen – haben noch Lampenfieber. Und das ist gut so. Bei zu viel Bühnenangst sollten Sie allerdings gegensteuern. Aber wie denn, bitte schön?

Die Antwort halten Sie gerade in Händen. Also, immer locker bleiben und gut vorbereiten. Sie müssen sich außerdem sicher, wohl und als Experte fühlen. Vor allem auch auf die zu benutzende Technik achten. Und das Wichtigste: Beachten Sie die folgenden Mental-Techniken.

Begeisterung, Stabilität und Wohlbefinden verhelfen zum Redeerfolg

Mit den Mental-Techniken, die hier behandelt werden, erhalten Sie eine Grundlage für eine stabile innere Einstellung, die Ihnen immer wieder von neuem die Kraft gibt, mit Begeisterung und Optimismus zu reden, vorzutragen und zu präsentieren. Dazu gehören der richtige Umgang mit Lampenfieber, Problemen und Pannen genauso wie Hinweise für Ihr körperliches und geistiges Wohlbefinden.

Ihr erfolgreiches Reden-Konzept

Das Stichpunkt-Konzept

Die beste Methode, sich ein erstes Stichpunkt-Konzept, eine erste Ideensammlung zu erstellen, ist für mich eindeutig die Mind-Map-Technik. Sie kennen diese Technik ja bereits von den jeweiligen Kapitelzusammenfassungen. Mind-Map bedeutet Gehirn-Landkarte. Diese Form der Darstellung bezieht Ihre kreative rechte Hirnhälfte mit ein. Dadurch merken Sie sich den Inhalt besser und sind zudem wesentlich kreativer. Ihre Konzentration auf die Stichpunkte wird erhöht, weil Sie nicht sortieren. Sie schreiben einfach an irgendeinen Ast Ihre Idee. Die Erstellung einer Mind-Map ist denkbar einfach:

Erstellung einer Mind-Map

Thema der Rede in die Mitte und alle Ideen, Gedanken und Einfälle an die Äste um die Mitte notieren. Falls Sie zu einem Punkt Unterpunkte notieren wollen, schreiben Sie diese an die Äste, die jetzt von eben diesem Punkt ausgehen. Sehen Sie sich doch ein paar Mind-Maps hier aus dem Buch an, da wird die Anwendung am deutlichsten.

Ganz einfach und kostengünstig erstellen Sie Mind-Maps, wie ich die meinen hier im Buch, mit dem Software-Programm „Mind-Manager“. Ich bin davon begeistert und kann es nur weiterempfehlen. Einfache Handhabung, verknüpfbar mit den gängigen Programmen und, was mich als Schwaben besonders freut, günstig. Schauen Sie mal nach im Internet unter www.mindmanager.de. Dort können Sie sich eine Testversion herunterladen und einfach mal probieren.

Ein gutes Stichpunkt-Konzept ist unerlässlich. Sie wollen ja die wichtigen und richtigen Stichworte mit der Memo-Rhetorik sicher im Gedächtnis verankern. Also muss das Konzept, sprich die Vorbereitung, entsprechend sein. Es ist auch nicht so viel dabei.

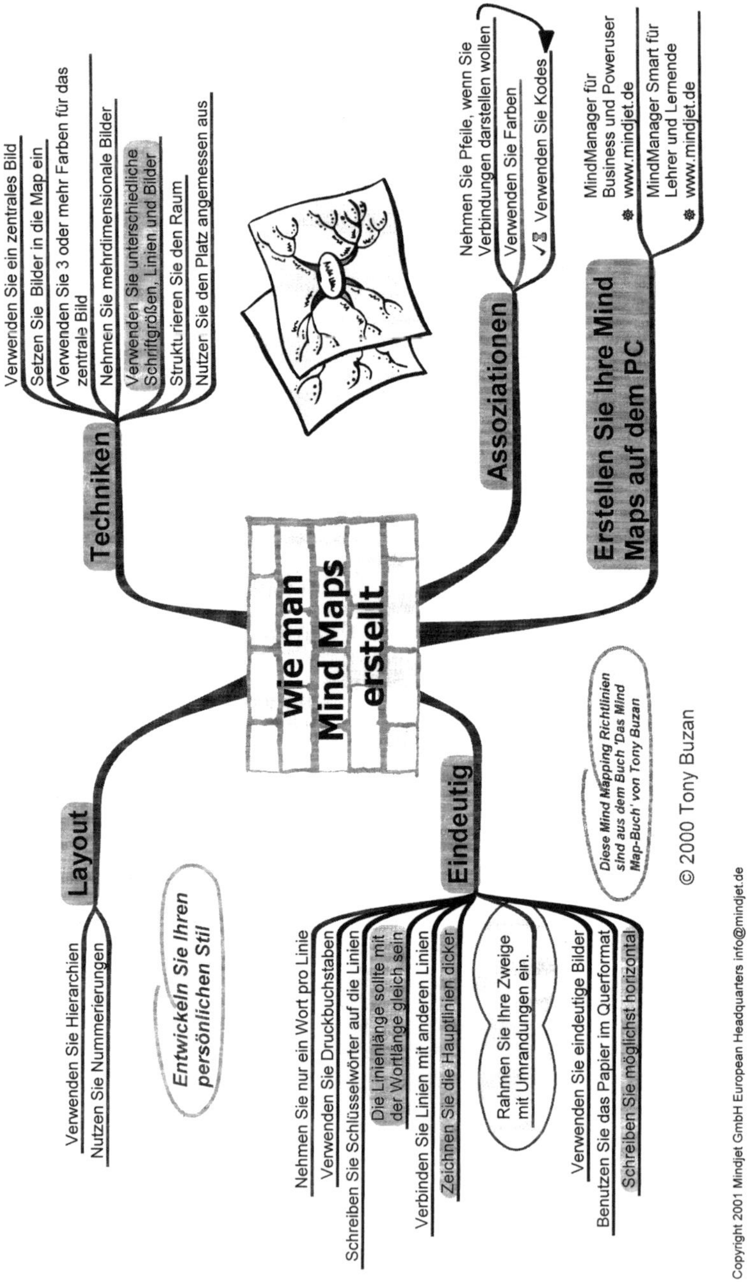
wie man Mind Maps erstellt
Techniken
Verwenden Sie ein zentrales Bild
Setzen Sie Bilder in die Map ein
Verwenden Sie 3 oder mehr Farben für das zentrale Bild
Nehmen Sie mehrdimensionale Bilder
Verwenden Sie unterschiedliche Schriftgrößen, Linien und Bilder
Strukturieren Sie den Raum
Nutzen Sie den Platz angemessen aus
Assoziationen
Nehmen Sie Pfeile, wenn Sie Verbindungen darstellen wollen
Verwenden Sie Farben
Verwenden Sie Kodes
Erstellen Sie Ihre Mind Maps auf dem PC
MindManager für Business und Poweruser
www.mindjet.de
MindManager Smart für Lehrer und Lernende
www.mindjet.de
Layout
Verwenden Sie Hierarchien
Nutzen Sie Nummerierungen
Entwickeln Sie Ihren persönlichen Stil
Eindeutig
Nehmen Sie nur ein Wort pro Linie
Verwenden Sie Druckbuchstaben
Schreiben Sie Schlüsselwörter auf die Linien
Die Linienlänge sollte mit der Wortlänge gleich sein
Verbinden Sie Linien mit anderen Linien
Zeichnen Sie die Hauptlinien dicker
Rahmen Sie Ihre Zweige mit Umrandungen ein.
Verwenden Sie eindeutige Bilder
Benutzen Sie das Papier im Querformat
Schreiben Sie möglichst horizontal
Diese Mind Mapping Richtlinien sind aus dem Buch 'Das Mind Map-Buch' von Tony Buzan
© 2000 Tony Buzan
Copyright 2001 Mindjet GmbH European Headquarters info@mindjet.de

Wenn Sie einige wichtige Tipps beachten, klappt die Vorbereitung wie am Schnürchen. Also, los!

Welches Ziel haben Sie?
Was wollen Sie mit Ihrer Rede erreichen? Wer sind Ihre Zuhörer? Wie und was müssen Sie berücksichtigen, um bei dieser Zielgruppe Ihr Rede-Ziel zu erreichen?

Was wollen Sie genau ansprechen?
Welche Informationen sind nötig? Was weiß das Publikum schon? Wie tief sollten Sie gehen? Woher bekommen Sie Ihre Details? Wie lang sollten Sie sprechen?

Wie soll es ablaufen?
Womit beginne ich? Womit schließe ich? Wie mache ich den Hauptteil spannend? Welche Medien (Tageslichtprojektor, Beamer, Flipchart ...) benutze ich?

Auf was ist organisatorisch zu achten?
Kümmern Sie sich im Vorfeld um den Beginn und das genaue Ende Ihrer Rede, die Technik, die Sitzordnung, die Pausenregelung (falls nötig). Seien Sie eine halbe Stunde vorher da und bereiten Sie den Vortragsraum vor.

Bereiten Sie sich inhaltlich und organisatorisch perfekt vor

Alles, was Sie vor einem Publikum erzählen, sollte eine Einleitung, einen Hauptteil und einen Schluss besitzen. Also ganz althergebracht.

Einleitung

Während der Einleitung sollten Sie mit den Zuhörern warm werden. Sie entscheidet oft über Gelingen oder Schiffbruch Ihrer Rede. In dieser Phase muss es Ihnen gelingen, die Teilnehmer für sich zu gewinnen. Stellen Sie sich kurz vor und/oder erzählen Sie etwas zum Schmunzeln, etwas Nettes. Etwas, was beim Zuhörer eine positive Reaktion auslöst.

Auch bei einer Rede ist der erste Eindruck entscheidend

Achten Sie hierbei darauf, dass ein Zusammenhang zu Ihrem Vortrag besteht. Achten Sie immer, immer, immer darauf, dass Sie echt sind. Nur wenn Sie echt sind, können Sie sympathisch wirken. Stellen Sie also Sympathie her. Benutzen Sie hierfür auch die Mental-Tipps weiter hinten und das Kapitel „Fesselndes und lebendiges Sprechen".

Hauptteil

Erst jetzt im Hauptteil beginnen Sie mit dem eigentlichen Thema. Benutzen Sie Wortbilder, Beispiele, Vergleiche usw. Bleiben Sie weiterhin auf die Zuhörer eingestellt. Bleiben Sie weiterhin Sie selbst. Beachten Sie die Tipps aus den Kapiteln „Fesselndes und lebendiges Sprechen", hier speziell „Gestik, Mimik, Ausstrahlung", und bitte auch wieder die Mental-Tipps weiter hinten.

Schluss

Vorsicht bei Witzen und Schlusspointen

Dem Schluss kommt besondere Bedeutung zu. Alles, was Sie hier sagen, wird am besten von den Teilnehmern behalten. Sie können hier noch einmal grob zusammenfassen. Möglich ist auch ein Aha-Effekt, indem Sie das wichtigste Argument erst zum Schluss bringen. Gefährlich kann es sein, mit einer Anekdote oder einem Witz zu schließen. Beides ist gut für die Einleitung geeignet. Am Schluss bitte nur, wenn ein 150-prozentiger Zusammenhang zum Thema besteht oder darin ein Schlussappell enthalten ist. Sonst besteht die Gefahr, dass die Schlusspointe dem Rest der Rede die Schau stiehlt.

Ausführlicher finden Sie diesen Teil selbstverständlich in den gängigen Rhetorik-Büchern. Einige Empfehlungen finden Sie hinten im Literaturverzeichnis.

Erfolgreicher reden durch Mentaltraining

Für den dauerhaften, zufriedenstellenden Redner-Erfolg reicht es nicht, die richtigen Techniken zu beherrschen und sie wie eine Maschine auf Knopfdruck herunterzuspulen. Sie werden trotzdem immer wieder den einen oder anderen Rückschlag erleben, und da ist es besonders wichtig, dass Sie wissen, wie Sie sich jedes Mal von Neuem motivieren können, um weiterzumachen – und besser zu werden!

Für Ihren Redner-Erfolg gibt es keine Grenzen!

Sind Sie erfolgreich? Glauben Sie daran, dass Sie in Zukunft noch erfolgreicher sein können? Oder sind auch Sie der Meinung, dass Erfolg vom Zufall abhängt? Was ist überhaupt „Erfolg"?

Erfolg ist Wachstum, Anpassung und Veränderung

Erfolg ist all das, was „erfolgt", Erfolg ist Wachstum, Anpassung und Veränderung. Dieses Prinzip lebt überall in der Natur; alles, was lebt, braucht den „Erfolg". Nur die Pflanzen und Tiere sind erfolgreich, die wachsen, sich anpassen und sich verändern; nur die Unternehmen in der Wirtschaft sind erfolgreich, die wachsen, die sich an die Marktgegebenheiten anpassen und sich verändern, nur die Menschen sind erfolgreich, (genau:) die wachsen, sich anpassen und sich verändern!

Ein Baum, der keinen Erfolg hat, geht ein!

Erfolg ist also ein natürlicher Prozess, der von Geburt an von der Natur in allen Menschen angelegt ist. Nur glauben viele nicht mehr daran, dass der Erfolg auch ihnen zusteht, dass auch sie erfolgreich sein und bleiben können! Sie haben seit ihrer Kindheit viel zu oft Ansichten gehört, die ihre Meinung über sich und ihre Erwartungen an sich stark einschränkten: „Das kannst du nicht! Du bist noch zu klein! Das ist zu schwer für dich! Das schaffst du nicht!"

Wir sind zum Erfolg geboren

Später kommen Sprüche wie: „Du bist ein mieser Redner! Dir hört doch eh' keiner zu! Das lernst du nie!" Diese oft gehörten negativen Aussagen wirken auf Dauer wie „geistige Schallplatten": immer wieder der gleiche Text. Mit der Zeit hört man schon gar nicht mehr bewusst zu, die Äußerung geht am Bewusstsein vorbei direkt in das Unterbewusstsein – und dort kann sie ihre Wirkung erst recht entfalten. Gerade deshalb ist es aber wichtig, dass wir uns immer wieder klar vor Augen halten, dass wir geboren sind, um erfolgreich zu sein!

Löschen Sie die negativen Äußerungen

Auch ich kann lernen tolle Reden zu halten. Auch ich kann andere mitreißen. Wenn nun aber diese „negativen Schallplatten" gegenüber den positiven in der Überzahl sind, wirkt sich das auf die geistige Grundhaltung der betroffenen Person nachhaltig aus: Sie glaubt nicht mehr daran, dass auch sie erfolgreich sein kann. Zu oft setzen sich die negativen Äußerungen durch, diese Schlingel.

Solche Auswirkungen lassen sich jedoch beheben. Ja, ja. Und zwar indem die negativen Programmierungen entweder gar nicht mehr benutzt oder durch positive Formulierungen, Glaubenssätze und Taten ersetzt werden. Sie nicht mehr zu benutzen heißt, Sie gehen den Situationen, in denen die Aussagen eine Auswirkung hätten, konsequent aus dem Weg. Also: Sie halten einfach keine Rede. Sie drücken sich vor der nächsten Präsentation. Wäre also Quatsch!

Sie können diese negative Programmierung aber auch durch eine positive ersetzen. Dies ist leider schwerer als oftmals dargestellt. Es reicht eben nicht, sich immer wieder zu sagen: „Ich schaffe es, ich halte eine tolle Rede." Sie brauchen vielmehr eine Kombination aus mehreren Mental-Techniken. Als da wären: die Autosuggestion (oder auch Affirmation genannt) und die Visualisierung. Im Visualisieren sind Sie bereits ein wahrer Meister. Sie haben bei allen Übungen im Buch visualisiert. Sich Bilder, Filme im Kopf-Kino anzusehen, bedeutet zu visualisieren. Als Nächstes wären da noch die Fähigkeiten, sich selbst zu motivieren, das Leben als Abenteuer zu begreifen und Referenz-Erfahrungen zu machen. Das Ganze jetzt noch mal langsam, zum Mitschreiben:

Ersetzen Sie die negative Programmierung durch eine positive

Die Autosuggestion

Indem Sie sich selbst immer wieder sagen: „Ich schaffe es, ich halte eine tolle Rede" oder „Mein Vortrag wird besser verlaufen als der vorige" installieren Sie langsam, wirklich ganz langsam, eine neue „geistige Schallplatte." Wenn Sie oft genug etwas sagen, glauben Sie irgendwann selbst daran. Schon meine Oma sagte, als ich noch ein kleiner, frecher Junge war, zu mir: „Junge, red dir doch nicht so was ein. Am Ende glaubst du noch daran!" Es ist also nichts Neues.

Besprechen Sie eine positive „geistige Schallplatte"

Wenn Ihr Unterbewusstsein oft genug diese neue Formulierung registriert, besteht die Möglichkeit, dass die alte Formulierung („Ich bin ein mieser Redner") verdrängt wird. Meist gelingt dies aber nur, wie oben schon erwähnt, in Kombination mit den folgenden Techniken. Wenden Sie die Techniken also immer zusammen an.

Die drei wichtigen Grundregeln für Autosuggestionen: Sie müssen kurz und prägnant sein, sie müssen positiv formuliert werden und sich auf die Gegenwart beziehen („Ich *halte* eine tolle Rede" oder „Mein Vortrag *ist* mitreißend").

Die Visualisierung

Visualisieren Sie Ihre Traum-Rede

Stellen Sie sich die gewünschte Situation so plastisch und naturgetreu wie möglich vor! Sie haben ja bereits Mega-Erfahrung im Sehen von inneren Bildern. Hier nutzen Sie diese Technik nicht, um sich etwas in Ihr Gedächtnis einzuprägen, sondern um eine gewünschte Verhaltensweise im Unterbewusstsein zu verankern. Visualisieren Sie also in unserem Beispiel in bunten, lebendigen und wirklichkeitsgetreuen Bildern, wie Sie Ihre Rede halten, wie Sie es sich wünschen.

Erfolg ist das Ergebnis all dessen, was wir denken, was wir uns zutrauen, was wir uns vornehmen, was wir *tun*! Selbst wenn Sie es zunächst nur in Ihrer Fantasie tun, wird es sich auch in der Realität auswirken: Denken Sie bitte daran, dass Ihr Gehirn nicht in der Lage ist, zwischen Vorstellungsbild und Realität zu unterscheiden. Die Materie folgt also nun dem Geist (hört sich ziemlich esoterisch an, oder?).

So motiviere ich mich selbst

Unsere Antriebskräfte heißen: Freude erleben und Schmerz vermeiden

Motivation (von motivare) bedeutet Bewegung. Warum bewegen wir uns? Warum machen wir, was wir machen? Weil wir von unserem Gehirn gesteuert werden. Dessen Hauptaufgabe ist es, seinen Besitzer am Leben zu erhalten. Es sorgt daher dafür, dass wir Schmerzen und Gefahren aus dem Weg gehen. Und strebt freudige Dinge an, die uns das Überleben leichter und angenehmer machen. Der einzige Grund also, warum wir „uns bewegen“, ist, weil wir entweder Freude erleben oder Schmerz vermeiden wollen.

Als Motivationsstrategie gilt also: Wir sind hin zu Freude und weg von Schmerz motiviert. Dies ist in der Psychologie als „bipolares Antriebssystem“ bekannt. Klar ist, dass bei jedem Menschen beide Formen der Motivation funktionieren. Wird nur eine davon eingesetzt, erreichen Sie nie ein optimales Ergebnis. Erst die richtige Kombination aus beiden Formen garantiert ein bestmögliches Resultat.

Bei der Frage, in welchem Verhältnis Sie beide Strategien kombinieren sollen, kann Ihnen nur einer helfen: Sie selbst! Also beantworten Sie sich folgende Fragen: „Warum erledigen Sie Aufgaben, die Ihnen keinen Spaß machen? Welcher Schmerz, welche Angst, welche Gefahr steckt dahinter? Und was genau macht Ihnen an Tätigkeiten, die Ihnen Spaß machen, Spaß? Was genau ist es? Wie also motivieren Sie sich bisher schon?"

So motiviere ich mich selbst:

1. ______________________________
2. ______________________________
3. ______________________________
4. ______________________________
5. ______________________________
6. ______________________________
7. ______________________________
8. ______________________________

Das Leben ist ein einziges Abenteuer

Wenn Sie diese Einstellung verinnerlichen, können Sie sich auch leichter motivieren. Wenn Sie sich motivieren können, verinnerlichen Sie diese Einstellung leichter.

Wenn Sie jede große Herausforderung als Abenteuer ansehen, ist es immer spannend. Ein Abenteuer schreckt nicht so sehr ab. Ihre Rede, vor der Sie selbstverständlich etwas Bammel haben, ist ein Abenteuer. Machen Sie's einfach mal. Meist ist das Ergebnis längst nicht so schlimm, wie Sie dachten.

Wenn Sie allerdings die Autosuggestion und Visualisierung beherzigt haben, denken Sie ja sowieso gut. Nun haben Sie endlich die Chance sich zu beweisen, dass es zumindest ähnlich wird wie in Ihrer Vorstellung. Ziemlich sicher aber besser als letztes Mal. Dies ist unbedingt notwendig. Nur so können Sie die Referenz-Erfahrung machen:

Die Referenz-Erfahrung

Blicken Sie auf Ihre Fortschritte

Dies ist, wie der Name schon sehr treffend beschreibt, eine Erfahrung, die Ihnen als Referenz dient. Besser gesagt: Ihrem Gehirn als Referenz dient. Um diese Erfahrung allerdings positiv zu machen, müssen Sie in der Lage sein, Ihre Fortschritte zu erkennen. Wenn Sie viele negative „geistige Schallplatten" haben, wenn es sich hierbei auch noch um Langspielplatten handelt, kann es sein, dass Sie Ihre Fortschritte eben nicht sehen.

Dann fragen Sie bitte Dritte. Ziehen Sie eine Vertrauensperson heran. Diese sagt Ihnen dann genau, in welchen Bereichen Sie sich verbessert haben. Sollten Sie so negativ eingestellt sein, dass Sie denken: „So ein Quatsch. Ich verbessere mich doch eh nicht", fragen Sie die betreffende Person, in welchen Bereichen Sie sich wie verbessern sollten. Dann haben Sie zumindest ein Ziel, auf das Sie zusteuern können. Bei der nächsten Rede achtet Ihr Freund dann genau auf diese Punkte. Jede Wette, dass Sie Fortschritte gemacht haben. Und nun glauben Sie es. Zur Not beginnen Sie von vorne mit der Autosuggestion.

Auch kleine Erfolge bewirken eine Aufwärtsspirale

Im Normalfall beginnt mit der Referenz-Erfahrung ein positiver Kreislauf! Dadurch, dass Sie an einer Stelle einen kleinen Erfolg erleben, trauen Sie sich mehr zu, das klappt auch – und so wagen Sie sich immer weiter vor, auf dem Weg zum dauerhaften Redner-Erfolg!

Ein sehr schönes Beispiel für Mut, Motivation, Glauben und den daraus resultierenden Erfolg gibt uns die Amerikanerin Wilma Rudolph: Sie wurde als siebzehntes von neunzehn Kindern eines Hafenarbeiters geboren und erkrankte mit vier Jahren an Kinderlähmung. Obwohl die Ärzte eine Genesung für ausgeschlossen hielten, gab die Mutter nicht auf: Sie massierte das Kind täglich mehrmals und machte mit ihrer Tochter gymnastische Übungen und Lauftraining. Mit acht Jahren konnte Wilma wieder gehen – und 1960 war sie dreifache Olympiasiegerin im Kurzstreckenlauf!

Wenn Sie beschlossen haben, sich zu verändern und weiter zu wachsen, dann werden sich auch die richtigen Mittel und Wege dazu auftun.

Im Sport schon normal: Mentaltraining

Mentaltraining: Ihr Schlüssel zum Erfolg

Die mentale Komponente zählt

Was im Sport übrigens seit langem die Regel ist, zieht mittlerweile auch in andere Berufskreise und jetzt ins Redner-Training ein: die innere Vorbereitung auf eine schwierige Situation mittels Mentaltraining. Der ehemalige Skirennläufer Christian Neureuther sagte einmal: „Was den Ausschlag für den Sieg gibt, ist im Kreise der Weltklasse vor allem die mentale Komponente.“ Noch deutlicher formulierte es Bruce Jenner, Goldmedaillengewinner im Zehnkampf 1976: „Der Wettkampf auf olympischem Niveau ist zu 20 % eine körperliche und zu 80 % eine geistige Herausforderung.“

Wenn Techniken des mentalen Trainings im Sport erfolgreich angewandt werden, warum dann nicht auch in anderen Bereichen? Was für Sportler nützlich ist, lässt sich auch für Vortragende erfolgversprechend einsetzen!

Was immer Sie denken, Ihr Gehirn glaubt es!

Die Strategie des Mentaltrainings nutzt das Ihnen mittlerweile bestens bekannte Phänomen: Ihr Unterbewusstsein kann nicht unterscheiden zwischen einem Ereignis, das in der Realität stattfindet, und einem Ereignis, das Sie sich lebendig und naturgetreu als Bild oder kleinen Film in Ihrer Fantasie vorstellen.

Dieses Phänomen können Sie auch, wie weiter vorne schon erfahren, zu Ihrem Vorteil nutzen, indem Sie schwierige Situationen und Handlungen im Geiste vorab erleben und sich diese in allen Details so realitätsnah wie nur irgend möglich ausmalen. Sie werden verblüffende Ergebnisse erzielen!

Eine positive Grundeinstellung, in der Sie sehr viel Energie zur Verfügung haben, erreichen Sie auch, indem Sie sich an vergangene Erfolge zurückerinnern. Machen Sie in einer ruhigen Minute einmal die folgenden Aufgaben, und nehmen Sie sich dafür genügend Zeit.

So schaffen Sie Ihre positive Grundeinstellung

1. Listen Sie alle Ihre bisherigen Erfolge auf!
2. Denken Sie noch etwas länger nach und notieren Sie auch die kleinen und allerkleinsten Erfolge, die Ihnen vielleicht nicht sofort eingefallen sind!
3. Führen Sie darüber hinaus ein Erfolgs-Tagebuch: Notieren Sie in einem speziell dafür angelegten Heft jeden Abend, was an diesem Tag der größte Erfolg für Sie war!
4. Schreiben Sie auch dazu, warum Sie Ihrer Meinung nach jeweils erfolgreich waren.

Sammeln Sie Ihre Erfolge

Auf diese Weise stellen Sie sich im Laufe der Zeit ein ansehnliches Repertoire an Verhaltens- und Reaktionsmöglichkeiten zusammen. Und mit Ihrem mittlerweile hervorragend trainierten Gedächtnis wird es keine Schwierigkeit sein, sich im entscheidenden Moment an das erfolgreiche Verhalten in einer früheren Situation zu erinnern.

Wenn Sie nun eine besonders schwierige Aufgabe vor sich haben, zum Beispiel eine Präsentation bei einem sehr anspruchsvollen Kunden oder eine wichtige Besprechung mit dem Abteilungsleiter, dann haben Sie zwei Möglichkeiten, sich darauf effektiv vorzubereiten:

1. Sie erinnern sich mithilfe Ihres Erfolgs-Tagebuchs und der Liste Ihrer früheren Erfolge an eine Situation, die ähnlich schwierig war, und die Sie bravourös gemeistert haben. Sehen Sie sich in Ihrer Vorstellung souverän handeln und die Situation erfolgreich bestehen. Malen Sie diese Szene lebendig, bunt und so realistisch wie möglich aus.

2. Sie stellen sich das Gespräch, das Ihnen bevorsteht, in Ihrer Fantasie so vor, als sei es gegenwärtig Realität für Sie: Sie sind in persönlicher Bestform und verhandeln, argumentieren, überzeugen, als hätten Sie nie im Leben etwas anderes getan; Sie erleben Ihren Erfolg voraus.

Mit dieser Methode der lebendigen Visualisierung haben Sie ein Instrument zur Verfügung, das Ihnen hilft, schwierige Situationen vorzubereiten und aus bereits errungenen Erfolgen die Kraft und die Gewissheit zu schöpfen: „Ich werde es wieder schaffen!“

Auf diese Art stärken Sie Ihre innere Motivation, und je besser Sie für eine bestimmte Aufgabe motiviert sind, umso größer sind auch Ihre Chancen auf den nächsten Erfolg!

Kurz entspannen und den aktuellen Erfolgsfilm im Kopf laufen lassen

Solche Visualisierungsübungen gelingen naturgemäß im Entspannungszustand am besten, weil dann die Aufmerksamkeit nicht mehr von Äußerlichkeiten abgelenkt wird. Deshalb sollten Sie es sich unbedingt zur Gewohnheit machen, regelmäßig zu entspannen, und wenn es nur für fünf oder zehn Minuten am Tag ist. Versetzen Sie sich mithilfe einer Ihnen geläufigen Methode in den Alpha-Zustand (zum Beispiel durch autogenes Training, Muskelentspannung nach Jacobson, eine bestimmte Atemtechnik oder Ähnliches), und visualisieren Sie dann in diesem entspannten Zustand den „Erfolgsfilm", der für Sie gerade aktuell ist.

Achten Sie auch auf Ihre geistige Nahrung

Auch in der Realität, in Ihrem Alltagsleben, sollten Sie genauer darauf achten, welche Informationen täglich auf Sie einstürmen. Gerade aus der Werbung, aus Zeitungen und Fernsehsendungen nehmen wir (meist unbewusst) so vieles auf, was wir bei genauem Hinsehen selbst nie sagen oder tun würden. Auf die Nahrung für unseren Körper achten wir viel sorgfältiger; was wir in unseren Mund schieben, wird streng kontrolliert – doch auf die geistige Nahrung, die über die Augen und Ohren in den Kopf geht, achten wir meistens zu wenig oder gar nicht. Machen Sie also Geistes-Hygiene.

Filtern Sie in Zukunft die eingehenden Infos

Ein großer Teil der alltäglichen Informationen ist negativ, sehen Sie sich nur einmal die allabendlichen Nachrichten an. Sie überlegen sich sehr wohl, ob Sie Bier oder Mineralwasser trinken, ob Sie Obst oder Schokolade essen. Doch prüfen Sie auch, welche der vielen Informationen tiefer in Ihr Bewusstsein dringen? Selektieren Sie auch bei der „geistigen Nahrung", die Sie sich zuführen! Nehmen Sie nur das auf, was wirklich gut und wichtig für Sie ist!

Sie können sich auch ganz bewusst Gutes tun, indem Sie wertvolle Bücher lesen (so, wie Sie dies gerade tun. Sehr lobenswert!) und sich aus dem Fernsehprogramm die kulturell weiterbildenden Sendungen aussuchen. Nur die positiven Schwingungen geben Kraft, nur „gute Energien" bringen Sie weiter!

Häufen Sie positive Eindrücke und Erlebnisse an

Damit erhöhen Sie automatisch auch Ihre Konzentration und Ihren Optimismus dauerhaft. Mit positiven Eindrücken und Erlebnissen, sowohl in der Realität als auch in der Fantasie, rufen Sie auch die entsprechenden weiteren Erlebnisse in der Realität auf den Plan, und durch jeden einzelnen positiven Erfolg füllen Sie Ihr inneres Motivationskonto wieder bis zum Rand auf.

Es gibt keine Probleme, nur Chancen

Dasselbe Schriftzeichen, das die Chinesen für den Begriff „Problem, Krise" benutzen, benutzen sie auch für „Chance"! Ein Problem beinhaltet also immer auch eine Chance, eine Möglichkeit, Lösungen zu finden und daran zu wachsen. Deshalb sollten wir vor Problemen niemals den Kopf in den Sand stecken!

Es gibt keine Probleme

Ein großer Schritt in die richtige Richtung ist es schon, wenn Sie sich klarmachen, dass es keine Probleme gibt: Jedes Problem ist im Grunde nur eine Aufgabenstellung, die Sie herausfordert (das Leben ist ein einziges Abenteuer!), eine Frage, auf die Sie die Antwort nicht sofort parat haben, sondern erst einmal etwas nachdenken müssen. Das Schwierige ist für uns nämlich meistens nicht das Problem an sich, sondern unsere eigene Art, damit umzugehen und es zu lösen.

Laut Duden bedeutet „Problem": „das Vorgelegte; schwierige, zu lösende Aufgabe; Fragestellung". Jedes Problem birgt in sich die Chance auf eine Antwort oder eine Veränderung. Somit ist jede Lösung, die Sie finden, immer auch gleichzeitig ein Erfolg.

Der richtige Umgang mit Problemen macht Sie erfolgreich!

Wer erfolgreich sein will, der muss mit Problemen umgehen können. Deshalb freuen Sie sich über jedes Problem, über jeden schwierigen Zuhörer. Sobald Sie wieder ein „problematisches" Gespräch, einen schwierigen Vortrag, zu einem erfolgreichen Abschluss gebracht haben, sind Sie automatisch um eine wichtige Erfahrung und um einen Erfolg reicher (eben erfolgreicher).

Gewöhnen Sie sich deshalb an, nicht mehr ständig von einem Problem zu sprechen, sondern vielleicht lieber von einer Aufgabe oder Herausforderung, von einer Fragestellung oder interessanten Situation – oder gar von einer Chance!

Herausforderungen sind also für Sie und Ihre Entwicklung unabdingbar; und je mehr Aufgaben Sie lösen, umso größer wird Ihr Erfolg letztendlich sein!

Vor der Rede topfit – geistige und körperliche Fitness

Es geht hier weniger darum, auf Knopfdruck topfit zu sein, als vielmehr, Ihr allgemeines Energieniveau anzuheben. Mit den Mental-Techniken können Sie sich direkt vor Ihrer Rede geistig fit machen, Ihre Einstellung verbessern und sich voll auf die Zuhörer einstellen. Nun sind wir dabei, uns öfter und länger fit zu fühlen. Nicht immer und ständig. Das ist meiner Meinung nach Quatsch und auch gar nicht nötig. Niemand ist immer und ständig fit. Wer Ihnen das erzählen will, lügt wahrscheinlich.

Fit in den Tag!

Aber es gibt durchaus Möglichkeiten und Methoden, den Tag schon morgens vital zu beginnen. Wer morgens frisch und munter in den neuen Tag starten kann, hat anderen eine Menge voraus – gerade weil viele Menschen eben keine Morgenmenschen sind. Doch mit ein paar Tricks schaffen Sie es auch, schon am Morgen topfit an Ihre Aufgaben heranzugehen. Sei es um eine Rede zu halten oder diese vorzubereiten.

Ein Grund für mangelnde Fitness in den frühen Morgenstunden ist bei vielen der niedrige Blutdruck. Dem können Sie entgegenwirken, indem Sie zum Beispiel eine spezielle Atemtechnik praktizieren:

Atemtechnik

Stellen Sie sich morgens nach dem Aufstehen vor ein geöffnetes Fenster; lassen Sie beide Arme locker hängen. Atmen Sie mit dem Bauch und anschließend noch mit der Brust ein. Ziehen Sie nun beide Schultern in Richtung Ohren, und bleiben Sie dabei gerade stehen. Atmen Sie noch tiefer in die Brust ein. Lassen Sie die Schultern wieder locker herunterhängen, und halten Sie die Luft in der Lunge, während Sie langsam bis fünf zählen.

Beugen Sie sich leicht nach vorne, achten Sie dabei bitte auf den Abstand zum Fensterbrett, und atmen Sie aus. Wiederholen Sie diese Übung insgesamt fünf Mal.

Diese Atemtechnik eignet sich natürlich auch dazu, untertags Ihren Energiespiegel zu heben; Sie können sie anwenden, wann immer Sie neue Kraft tanken wollen, um fit zu sein für die Anforderungen des Alltags. Und ganz besonders direkt vor Ihrem Auftritt!

Die Kunst der kalten Dusche

Dadurch werden Ihr Körper und Ihr Gehirn sehr gut durchblutet und mit Sauerstoff versorgt. Sie fühlen sich warm und frisch. Im Anschluss hilft eine kalte Dusche (nicht direkt vor der Rede, eher morgens) oder Wechselduschen, mal warm – mal kalt, um noch frischer zu werden. Beginnen Sie bei den Füßen, wenn Sie sich kalt abduschen. Und gehen Sie langsam höher. Am Schluss duschen Sie noch mal nur die Beine eiskalt ab. Ihre Blutgefäße in den Beinen ziehen sich zusammen und verengen sich. Dadurch pumpen Sie das Blut in höhere Gefilde. Sie brauchen es ja im Kopf und nicht in den Beinen. Sie müssen denken, nicht laufen.

Ihre Energiequellen

Ein ganz anderer Weg, um Energien aufzutanken, ist das Ausschöpfen der eigenen Energiequellen. Jeder Mensch hat andere Tätigkeiten oder Vorlieben, aus denen er ganz persönlich Kraft schöpfen und auftanken kann. Das können zum Beispiel die folgenden Punkte sein:

- heiß baden oder duschen (oder eben auch kalt)
- einen langen Spaziergang machen
- ins Kino gehen
- etwas Gutes kochen beziehungsweise essen
- in die Sauna gehen
- Musik hören

und, und, und.

Machen Sie einmal eine Aufstellung all der Dinge, aus denen Sie persönlich Energie schöpfen.

Meine Energiequellen:

1. ______________________________

2. ______________________________

3. ______________________________

4. ______________________________

5. ______________________________

6. ______________________________

7. ______________________________

8. ______________________________

Versprechen Sie sich schon morgens eine kleine Belohnung

Diese Liste sollten Sie sich irgendwo aufbewahren, wo Sie sofortigen Zugriff darauf haben. Picken Sie sich jetzt jeden Morgen einen Punkt heraus. Belohnen Sie sich damit am Abend für diesen Tag. Sie können sich dann den ganzen Tag darauf freuen.

Der in den USA lebende indische Arzt Dr. Deepak Chopra fand heraus, dass unser Körper in der Zeit, in der wir etwas tun, was uns Spaß macht, Interferon-ähnliche Substanzen produziert – Interferon ist das teuerste Anti-Krebs-Mittel! Sie stellen es kostenlos her und haben auch noch Spaß dabei.

Zur Erhaltung der körperlichen und geistigen Fitness dürfen ein paar Grundregeln zur gesunden Ernährung nicht fehlen. Nehmen Sie die folgenden Punkte als Anregung, sich mit diesem Thema einmal selbst auseinander zu setzen.

Ernährung

- Nehmen Sie viel wasserhaltige Nahrung zu sich, das heißt viel Obst und Gemüse.
- Trinken Sie in genügender Menge, mindestens zwei Liter am Tag. Am besten sind (Mineral-)Wasser, Früchte- oder Kräutertees oder ungesüßte Obstsäfte.
- Achten Sie darauf, wie Sie Ihre Nahrungsmittel miteinander kombinieren: Unterschiedliche Speisen erfordern unterschiedliche Verdauungssäfte. Deshalb sind viele Zu-

sammenstellungen ungesund, und unverträgliche Nahrungskombinationen sind Energieräuber. Die Trennkost hat sich hier top bewährt.

- Essen Sie vormittags hauptsächlich Obst – auf nüchternen Magen kann es besser und schneller verdaut werden. Vor einem Vortrag, einer Präsentation oder einer Rede ist dies ebenso sinnvoll wie vor dem Sport. Allerdings haben viele ja vor einer Rede durch die Aufregung eh keinen Appetit. Denken Sie aber bitte ans Trinken. Nein! Kein Schnäpschen! No. Auch kein Sekt, um die Stimmung zu heben. Und nicht nur vor dem Vortrag. Geht Ihre Rede länger als eine halbe Stunde, trinken Sie unbedingt währenddessen. Ihr Gehirn benötigt viel Flüssigkeit, um gut funktionieren zu können.
- Essen Sie allgemein langsam und bedacht, und hören Sie auf, wenn Sie satt sind!
- Genießen Sie in Maßen Kaffee, Schwarztee, Alkohol und Nikotin, ebenso Fleisch und Molkereiprodukte.
- Eine frische, kraftvolle Nahrung kann, richtig kombiniert, Ihre Verdauung optimal fördern und Ihren Körper stärken und beleben. Genauer nachzulesen im gut geschriebenen Ratgeber „Fit for Life“ von Harvey und Marilyn Diamond.

Entspannung

Energie-Übungen für zwischendurch

Wer genau weiß, wie er im Laufe eines anstrengenden Tages seine inneren Batterien immer wieder aufladen kann, ist den anderen ein gutes Stück voraus. Erfolgreiche Menschen wenden oft regelmäßig bestimmte Entspannungstechniken an, zum Beispiel Autogenes Training, Muskelentspannung nach

Jacobson, bestimmte Übungen aus dem Yoga und Ähnliches. Ich stelle Ihnen hier eine Auswahl kleiner, aber effektiver Übungen vor, die Sie jederzeit in ein paar ruhigen Minuten in Ihren Tagesablauf hineinbasteln können:

Meereswogen: Setzen Sie sich entspannt auf einen Stuhl, schließen Sie Ihre Augen und konzentrieren Sie sich einfach nur auf Ihren Atem. Stellen Sie sich vor, Sie sitzen am Meeresstrand, und beim Einatmen fließt eine lange Welle an den Strand, beim Ausatmen fließt sie langsam zurück ins Meer.

Spaziergang: Entspannen Sie sich, und visualisieren Sie einen Spaziergang in Ihrer Lieblingslandschaft. Lassen Sie alle Eindrücke so real wie möglich vor Ihrem inneren Auge ablaufen. Sehen, hören, fühlen, riechen und schmecken Sie, was um Sie herum geschieht.

Lieblingsplatz: Sie entspannen sich und kreieren Ihren persönlichen Lieblingsplatz. Stellen Sie sich all das vor, was Sie dort gerne antreffen möchten: Personen, Landschaft, Haus oder Wiese, Meer oder Berge, bestimmte Lieblingsgegenstände, Düfte, Musik und so weiter. Jedes Mal, wenn Sie an Ihren Lieblingsplatz kommen, können Sie ihn weiter ausgestalten – oder einfach genießen!

Solche oder ähnliche Übungen haben sich im Alltag tausendfach bewährt, um innerhalb kurzer Zeit die inneren Akkus aufzuladen und mit Kraft und Konzentration weiter durchzustarten. Suchen Sie sich Ihre eigene Lieblingsmethode, mit der Sie richtig gerne arbeiten, und wenden Sie sie regelmäßig an.

Je öfter Ihr Unterbewusstsein merkt, dass Sie auf diese Weise für ein ausgewogenes Energielevel in Ihrem Körper und Geist sorgen, umso besser spricht es darauf an!

Kreieren Sie den für Sie richtigen Mix aus Übungen, Methoden, Atmung und Ernährung

Wichtig bei all diesen Anregungen, ob zur Atmung, Ernährung oder Entspannung, ist vor allem, dass Sie Ihre eigene Methode finden. Lassen Sie sich nichts von außen aufdrängen, machen Sie nicht die eine oder andere Technik nur deshalb, weil sie jetzt gerade „in“ ist oder weil es alle tun. Sie müssen von den Methoden, die Sie praktizieren, völlig überzeugt sein, sie müssen *Ihnen* und *Ihrem* Leben entsprechen, sonst lässt die gewünschte Wirkung auf sich warten!

Wenn Sie sich ab heute mit den Strategien befassen, die Sie in diesem Kapitel kennen gelernt haben, und wenn Sie die Ihnen und Ihrem Charakter jeweils am besten entsprechende Methode auswählen und für sich erarbeiten, dann sind Ihrem persönlichen Erfolg keine Grenzen gesetzt!

Denken Sie große Gedanken, und setzen Sie sie in die Realität um! Treffen Sie Ihre Entscheidung, heute – Sie haben die Wahl! Was Sie ab heute denken und glauben, wird *Ihre* Zukunft bestimmen.

Schlusswort

Applaus, Applaus, Applaus. Meine Hochachtung: Sie haben das ganze Buch durchgearbeitet, jede Übung gemacht (haben Sie doch?), waren immer am Ball, haben Zeit, Energie und Geld investiert. Das ist eine echte Leistung. Okay, es hat Ihnen sicher Spaß gemacht und Sie hatten ständig große Erfolge. (Hoffe ich zumindest. Wenn nicht, habe ich etwas falsch gemacht. Dann lassen Sie mich bitte unbedingt wissen, was verbessert werden könnte.)

Jetzt allerdings kommt die Prüfung im Alltag: Setzen Sie das Gelernte, Ihr neues Können auch wirklich ein? Sie brauchen nicht mehr zu üben. Nun kommt die Praxis. Deshalb wenden Sie die „Geisselhart-Methode“ an, wo immer es Ihnen möglich ist. Jede Rede, jeder Vortrag, jede Präsentation, ja sogar die allermeisten Gespräche bereiten Sie ab heute mit der „Power der Memo-Rhetorik“ vor. Da haben Sie Übung genug.

Wichtig ist am Anfang vor allem, dass Sie sich nicht zu viel auf einmal vornehmen. Sehen Sie das Ganze spielerisch. Auf gar keinen Fall verbissen, nach dem Motto: Ich muss alles behalten. Müssen Sie nicht! Nehmen Sie sich deshalb zuerst noch Ihr Stichwort-Konzept mit. Das wird Ihnen die Sicherheit geben, die Sie am Anfang noch nicht haben können. Sie werden sehen, nach jedem erfolgreichen Einsatz wächst Ihre Sicherheit und schon bald brauchen Sie auch Ihr Stichwort-Konzept nicht mehr.

Schauen Sie auf Ihre Erfolge. Wenn Sie zuerst nur sechs von zehn Punkten aus dem Gedächtnis frei vortragen und die restlichen auf Ihren Karteikarten nachsehen, dann sind dies mit Sicherheit mehr frei vorgetragene Punkte als bisher. Freuen Sie sich darum, dass es sechs freie waren, anstatt sich Vorwürfe zu machen, vier nicht gewusst zu haben. Langsam, aber sicher werden Sie immer besser und besser.

Und da es mich aufrichtig interessiert, wie es Ihnen ergangen ist, während des Übens und auch in der Anwendung: Lassen Sie es mich wissen!

Wenn Sie selbst nicht mehr weiterkommen, Fragen haben, Anregungen geben wollen, was auch immer: Schreiben Sie mir, per Post oder E-Mail, faxen Sie mir, rufen Sie mich an. Noch habe ich keine 0190er-Nummer.

TEAMGEISSELHART
Training & Beratung GmbH
Leser-Service
Stolzestraße 15
44139 Dortmund

Telefon +49 231 / 95 25 67-92
Fax +49 231 / 95 25 67-93
E-Mail info@kopferfolg.de
www.kopferfolg.de

Auch wenn ich durch meine Vortragstätigkeit viel auf Reisen bin, besteht immer irgendwie die Möglichkeit, mich persönlich zu erreichen. Ich freue mich auf Ihr Feedback.

Wenn Sie jetzt Blut geleckt haben und sich fragen, wie Sie weitermachen, gibt es verschiedene Möglichkeiten: Sie wenden das Gelernte in der Praxis an und lernen selbst, Sie kaufen und lesen weiterführende Literatur, Sie bestellen die Vollversion der Übungs-CD aus diesem Buch und üben, wann und wo Sie wollen am PC oder Laptop. Mit diesem „CD-Seminar“ lernen sie die gesamte Welt des Gedächtnistrainings noch besser kennen. Oder Sie melden sich zu einem öffentlichen Seminar an und wir lernen uns einmal persönlich kennen. Wie auch immer Sie sich entscheiden: Wichtig ist, dass Sie am Ball bleiben! Und dabei wünsche ich Ihnen von ganzem Herzen viel, viel Erfolg und natürlich Spaß.

Herzlichst,
Ihr Autor und Trainer

Oliver Geisselhart

Literaturverzeichnis

Asgodom, Sabine: *Eigenlob stimmt*, 3. Auflage. München: Econ 2000

Buzan, Tony: *Das Mind-Map-Buch*. München: Goldmann 1999

Buzan, Tony: *Nichts vergessen*, 3. Auflage. München: Goldmann 2000

De Bono, Edward: *In 15 Tagen Denken lernen*. München: Wilhelm Heyne 1990

Ebeling, Peter: *Rhetorik – der Weg zum Erfolg*. München: Humboldt 1990

Egli, René: *Das LOLA-Prinzip*, 9. Auflage. Oetwil a. d. L.: Editions d'Olt 1997

Geisselhart, Oliver; Geisselhart, Roland R.: *Power Tool: Gedächtnis*, 2. Auflage. Berlin: Fit for Business 2003

Geisselhart, Oliver; Geisselhart, Roland R.; Burkart, Christiane: *Gedächtnis-Power für Verkäufer*. Zürich: Orell Füssli 1999

Geisselhart, Roland R.: *Wetten, dass Sie mit Grips Millionär werden*. Zürich: Orell Füssli 2002

Geisselhart, Roland R.; Burkart, Christiane: *Gedächtnis-Power*. Offenbach: GABAL 1997

Geisselhart, Roland R.; Burkart, Christiane: *Konzentrations-Power*. Offenbach: GABAL 1999

Geisselhart, Roland R.; Burkart, Christiane: *Power-Gedächtnis*. 2. Auflage. Offenbach: GABAL 1998

Geisselhart, Roland R.; Marion Zerbst: *Das perfekte Gedächtnis*, 3. Auflage. Zürich: Orell Füssli 1993

Gesierich, Jürgen: *Intuition*. Nürnberg: WESSP 2001

Höhne, Anita; Hochenegg, Leonhard: *Brainfood*. München: Wilhelm Heyne 2000

Maslow, Abraham A.: *Psychologie des Seins*. Frankfurt am Main: Fischer 1990

Murphy, Joseph: *Die unendliche Quelle Ihrer Kraft*. München: Goldmann 1997

Robbins, Anthony: *Grenzenlose Energie – Das Power Prinzip*, 3. Auflage. München: Wilhelm Heyne 1993

Scheerer, Harald: *Mit Worten führen*. Offenbach: GABAL 2002

Seifert, Josef W.: *Visualisieren, Präsentieren, Moderieren*, 12. Auflage. Offenbach: GABAL 1998

Sommer, Jochen: *NLP for Business*. Offenbach: GABAL 2003

Stöger, Gabriele; Vogl, Mona: *Gewonnen wird im Kopf, gestolpert auch!*, 2. Auflage. Zürich: Orell Füssli 1999

Studer, Jörg: *Rhetorik*. Niedernhausen/Ts.: Falken 1998

Tepperwein, Kurt: *Die geistigen Gesetze*. München: Goldmann 1992

Vester, Frederic: *Denken, Lernen, Vergessen*, 28. Auflage, München: dtv 2001

Von Normann, Reinhard: *Schlagend argumentieren*, 38. Auflage. München: Wilhelm Heyne 1985

Stichwortverzeichnis

Stimmen aus der Praxis zu TEAMGEISSELHART-Seminaren

Das sagen Seminar-Teilnehmer

Jürgen M. Steiger, Betriebswirt, Mercedes-Benz: „Für alle ‚Kopfarbeiter' ein Muss!"

Christine Knorst, Bankkauffrau: „Eines meiner motivierendsten Seminare!"

Dirk Stasikowski, Reporter, WDR: „Selbst lange Reportagen halte ich jetzt völlig frei!"

Kai Ernst, Verkäufer, MAN: „Meine Argumentation habe ich gewaltig verbessert, meine Abschlüsse um fast 50 % erhöht!"

Michael Kaiser, Volksbank Backnang eG: „Die Teilnehmerzahl von 1100 Personen hat alle vorherigen Veranstaltungen um 30% übertroffen. Diese beeindruckende Steigerung hat sicher mit Ihrer Person und dem attraktiven Thema zu tun."

Das sagen die Medien

ManagerMagazin: „Dieses Training hat Methode und bringt Erfolg."

ZDF: „Schnell wird klar: es steckt viel mehr in uns, als wir glauben."

WDR: „Erstaunlich, was unsere Köpfe leisten können."

Die Welt: „Kursteilnehmern winken schon nach kurzer Zeit erste Erfolgserlebnisse."